Nancy Hoenisch und Elisabeth Niggemeyer

MATHE-KINGS

Junge Kinder fassen Mathematik an

Nancy Hoenisch und Elisabeth Niggemeyer

MATHE-KINGS

Junge Kinder fassen Mathematik an

Nancy Hoenisch · Elisabeth Niggemeyer

MATHE-KINGS

Junge Kinder fassen Mathematik an

verlag das netz   Weimar · Berlin

Bitte richten Sie Ihre Wünsche, Kritiken und Fragen an:
verlag das netz
Redaktion Betrifft KINDER
Wilhelm-Kuhr-Str. 64
13187 Berlin
Telefon: +49 30.48 09 65 36
Telefax: +49 30.48 15 686
eMail: evagrueber@verlagdasnetz.de

ISBN 3-937785-11-6

Lektorat: Erika Berthold
Gestaltung: Jens Klennert, Tania Miguez
Fotos: Elisabeth Niggemeyer
Druck und Bindung: Colordruck, Zwickau
Printed in Germany

Weitere Informationen finden Sie unter www.verlagdasnetz.de

Inhalt

Vorweg   9

Brücken bauen   11

Die Brücke zwischen Dingen und Begriffen   15

Drei Phasen der Entwicklung mathematischer Konzepte   17

Die Umwandlung vom Konkreten ins Abstrakte   21

Die Denkweise der Kinder   23

Beziehung und Atmosphäre   27

Material und Zeit   29

Die Pfeiler der Brücke   33

Der Pfeiler »Sortieren und Klassifizieren«   35
   Spiele und Mini-Mathe   41

Der Pfeiler »Muster«   51
   Spiele und Mini-Mathe   54

Der Pfeiler »Zahl«   57
   Zahlen sind Ideen   57
   Das Wiederholen   63
   Das Vergleichen   69
   Spiele und Mini-Mathe   70

Der Pfeiler »Geometrie«   89
   Spiele und Mini-Mathe   98

Der Pfeiler »Wiegen, Messen und Vergleichen«   103
   Wie die Zeit vergeht   112
   Spiele und Mini-Mathe   121

Der Pfeiler »Grafische Darstellungen und Statistik« 127
  Spiele und Mini-Mathe 131

Kooperation mit Eltern 135

Zum Schluss 139

Anhang 147

 Materialmanagement 147

 Bezugsadressen 151

 Literatur 151

 Die Ausstellung »Mathe-Kings« 152

 Die Autoren 154

Vorweg

»Mathe hat nichts mit mir zu tun.«
»Mit Formeln kann ich nichts anfangen.«
»Vor Mathe habe ich mich schon in der Schule gegruselt.«

beobachten, wenn Sie den Kindern Gelegenheit zu dieser vergnüglichen Beschäftigung geben und sie zu selbstständigem Denken ermuntern. Mathematiklust wecken Sie, wenn Sie sich von

Kommen Ihnen diese Sätze bekannt vor? Sicherlich – mehr oder weniger.

Mathematik kann und soll Teil aller Aktivitäten im Kindergarten sein. Doch das glückt nur, wenn sie mit Lust und Neugier entdeckt wird.

Das fällt Ihnen schwer? Okay, vergessen Sie Ihre Unlust mal, verscheuchen Sie die Erinnerungen an den ungeliebten Mathe-Unterricht und den humorlosen Lehrer. Lassen Sie sich einfach von den Kindern inspirieren, denn sie stellen durch Anfassen und Tun selbst Beziehungen zwischen den Dingen her, die ihnen begegnen. Das können Sie tagtäglich

dieser wunderbaren Wissenschaft begeistern lassen, die Kinder mit Ihrer Begeisterung anstecken und ihnen zeigen, dass alles um uns herum voller Mathematik steckt. Neugierig nach der Mathematik im Alltag zu suchen und sie zu finden, das ist eine schöne Aufgabe, denn Mathematik ist Rhythmus, Musik, Tanz, steckt in Blumen, Früchten und Bäumen, im Tag und in der Nacht, in der Sonne und den Sternen, in den Jahreszeiten und im ganzen Universum.

Nancy Hoenisch
Oktober 2004

Brücken bauen

Mathematik gilt gemeinhin nicht nur als das abstrakteste und theoretischste Fach, sondern auch als das formalste und sprödeste. Andererseits sagen viele: Mathematik ist wichtig, nichts geht ohne sie. Tatsächlich, wir können Mathematik buchstäblich überall finden, und das tut uns gut, denn Mathematik hilft uns, die Welt und ihre Schönheiten zu entdecken.
Albrecht Beutelspacher

Als Kind habe ich im Mathematikunterricht unzählige Arbeitsbögen ausgefüllt und ein Heft nach dem anderen mit Berechnungen vollgekritzelt, die ich von der Tafel abgeschrieben hatte. Ich mochte Mathematik nicht. Aber ich schrieb schön und ordentlich, meine Lehrerin lobte mich. Dass Mathematik eine Denkart ist, eine besondere Weise, die Welt zu erfassen, das hatte sie mir nie erzählt.

Später, während meiner Ausbildung, bin ich in Büchern Jean Piaget begegnet und habe mich in die wunderbare Wissenschaft Mathematik verliebt. Piaget hat mir geholfen, meine Brücke zur Mathematik zu bauen, und ich habe verstanden, dass Kinder anders denken als wir Erwachsene.

Ich gebe Franck und Alexis, beide vier Jahre alt, jeweils zwei Bleistifte. Sie sollen die Länge der Stifte vergleichen, tun das und sagen: »Beide gleich lang.« Nun schiebe ich von jedem Paar Bleistifte einen nach vorn. Franck vergleicht wieder und meint, dass der vorgeschobene Bleistift länger sei. Ich respektiere seine Antwort und korrigiere ihn nicht, denn ich weiß, dass seine Denkart sich nur durch Erfahrung ändern wird.

Alexis bezweifelt Francks Aussage, guckt mich an und sagt: »Sie sind gleich lang.« Nun gebe ich Alexis zwei gleich große Knetbälle. Einen

drückt sie flach und sagt, dass der runde größer als der flache Ball sei.

Franck befindet sich noch am Anfang seines Brückenbaus, in der konkreten Phase. Er braucht weitere Erfahrungen mit handhabbaren Dingen. Diese Phase beschreibt Piaget so: Das Kind kann die Länge – in diesem Fall des Bleistifts – noch nicht »konservieren«.

Alexis hingegen hat die Länge bereits »konserviert«, kann auch schon kleine Zahlenmengen erkennen, aber noch nicht das Volumen eines Gegenstands. Deshalb erschien ihr der runde Knetball größer als der flach gedrückte. Sie ist in einer Übergangsphase.

Beurteilt ein Kind seine Welt nach der Erscheinung der Dinge, steckt es noch in der Anfangsphase des Brückenbaus. In der Übergangsphase entstehen Zweifel, ein Hin und Her zwischen konkretem und abstrakterem Denken. Viele

Nach Jean Piaget gibt es drei Arten von Wissen:

Physikalisches Wissen

Juri und Alexis schälen Kartoffeln. Eine Kartoffel rollt über den Tisch. Die Kinder sehen: Kartoffeln können rollen wie Bälle. Nach Piaget haben sie in diesem Moment physikalisches Wissen »konstruiert«. Dieses Wissen entsteht aus Erfahrung. Es kann nicht gelehrt werden.

Logisch-mathematisches Wissen

Die zweite Kartoffel ist länglich. Sie rollt viel langsamer und nur in eine Richtung. Aus Spaß schneiden wir eine viereckige Kartoffel, die wie ein Würfel aussieht. Sie rollt überhaupt nicht! Bei diesem Experiment haben die Kinder Wissen »konstruiert«, das Piaget logisch-mathematisches Wissen nennt. Es entsteht durch die Beziehungen der Dinge zueinander, die Alexis und Juri bei den drei unterschiedlichen Kartoffeln beobachtet haben. Auch dieses Wissen ist unlehrbar.

Konventionelles Wissen

Die Kinder sehen, dass das Wort Kartoffel mit K und nicht mit C geschrieben wird. Dieses Wissen können sie sich nicht durch Tun aneignen. Es ist ein Wissen, das auf Vereinbarungen beruht und gelehrt werden muss.

Zum konventionellen Lernen gehört auch das Auswendiglernen der Zahlennamen und deren Schreibweise.

Erfahrungen mit handhabbaren Dingen sind dann nötig, denn sie ermöglichen es dem Kind nach und nach, die Welt nicht mehr allein mit Hilfe des Augenscheins, sondern stärker durch das Denken, also abstrakter zu beurteilen.

Die Brücke zwischen Dingen und Begriffen

Was die Mathematik eigentlich ist, weiß niemand mit Sicherheit zu sagen. Ein Versuch, diese Wissenschaft zu definieren, besteht darin, ihre Gegenstände festzulegen: Mathematik ist die Wissenschaft von den Zahlen. Aber es geht in der Mathematik nicht nur um Zahlen und schon gar nicht nur um das Rechnen, sondern auch um Formen, Figuren, Gestalten und ihre Eigenschaften.

Albrecht Beutelspacher

tischen Pfeilern, die sie selbst erbauen müssen, beim Hantieren mit Spielsachen, mit anderen Dingen und Materialien, die sie in ihrer Umwelt vorfinden.

Ein Wort zur Didaktik: In diesem Buch geht es darum, wie man Kinder, die den Fluss noch nicht überquert haben, bei der Aneignung eines soliden mathematischen Grundverständnisses unterstützen kann. Können sie sich eine sichere Brücke schaffen, werden sie schon früh einen

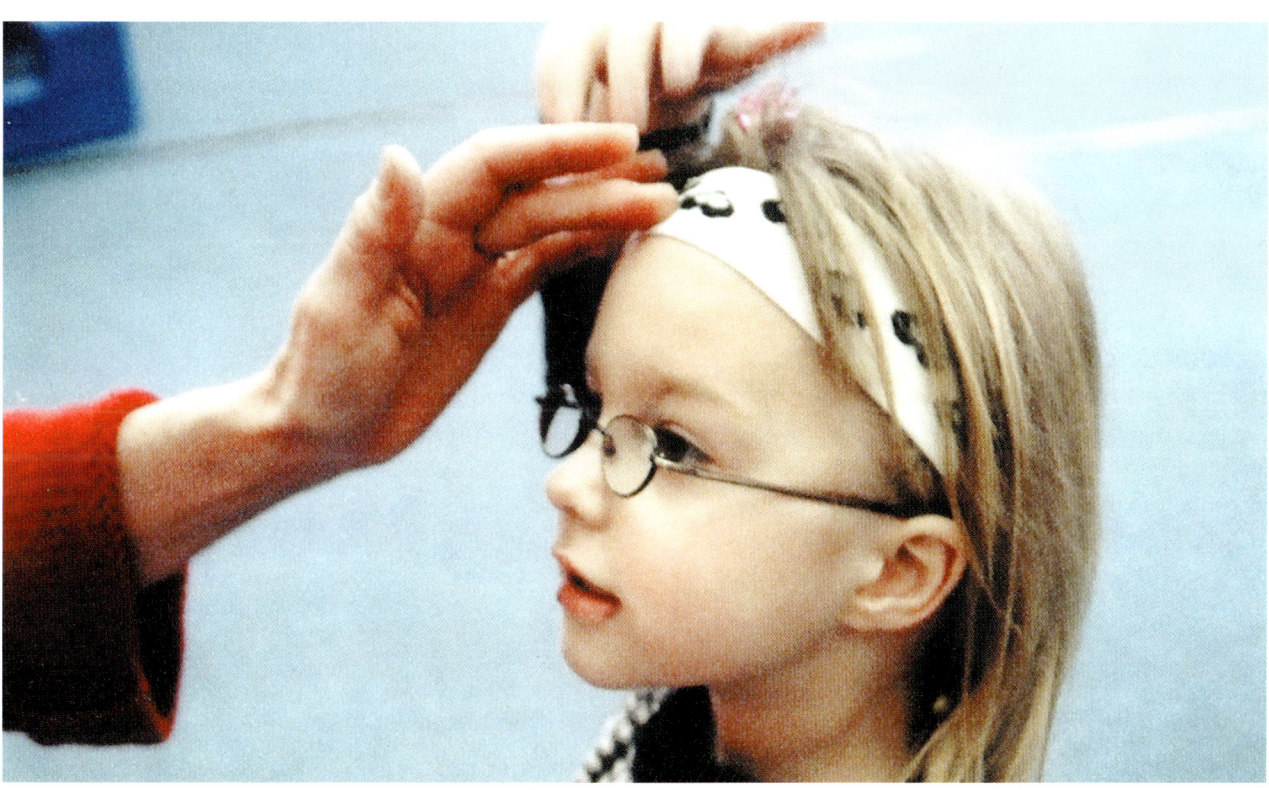

Wenn wir uns ein Bild vom logisch-mathematischen Wissen aus der Perspektive von Kindern machen, sehen wir eine sinnliche Welt zum Anfassen, Schmecken, Bewegen und Manipulieren, die an einem breiten Fluss endet. Auf der anderen Seite des Flusses sind die symbolischen mathematischen Konzepte der Erwachsenen. Weil alle Kinder gern zu den Großen gehören möchten, wollen sie ans andere Ufer. Dazu brauchen sie eine stabile Brücke, getragen von mathema-

positiven, zutraulichen Zugang zur Mathematik entwickeln.

Unser Buch ist nicht als Curriculum zu verstehen. Dies würde nämlich bedeuten, dass Mathematik unterrichtet und den Kindern nicht erlaubt wird, ihre eigenen Brücken zu bauen, mit stabilen Brückenpfeilern.

Ich wünsche mir, dass die Bausteine für diese Brückenpfeiler, die mathematische Konzepte nämlich, nach der Lektüre so klar vor Ihnen stehen, dass Sie bei passender Gelegenheit sofort danach greifen und sie den Kindern anbieten können.

Um Ihnen Muster für die Baupläne der Brückenpfeiler zu liefern, werde ich die drei Phasen der Aneignung mathematischer Konzepte zu beschreiben versuchen und dabei auf Beispiele zurückgreifen, die die Denkweise der Kinder erhellen. Vielleicht bekommen Sie dabei noch mehr Lust, im Kindergarten viel Zeit mit selbst gefundenen Schätzen und selbst erfundenen Spielen zu verbringen. Die Erlebnisse, die die Kinder bei diesen spielerischen Beschäftigungen haben, werden es jedem einzelnen Kind ermöglichen, seine eigene Brücke zu bauen.

Zu den inneren mathematischen Konzepten, die die Kinder »konstruieren« – die Pfeiler der Brücke – gehören das Zählen, Sortieren und Klassifizieren, gehören Muster und Folgen, Symmetrie, Zahlenkonzepte, der numerische Stellenwert, Konzepte des Vergleichens und Messens, dazu gehört Geometrie, gehören Erfahrungen mit Raum und Zeit sowie grafische Darstellungen.

Natürlich kennen und verwenden die Kinder diese Begriffe nicht. Sie stehen auf der einen Seite des Flusses, und von der anderen Seite werfen Eltern und Lehrerinnen ihnen merkwürdig aussehende Symbole zu, die sie Zahlen nennen, in der Hoffnung, ihnen auf diese Weise schnell über das Wasser zu helfen. Bereitwillig springen manche Kinder auf die Symbole zu. Doch es sind keine im Geiste der Kinder herangereifte, auf Anschauung, Tätigkeit und Erfahrung gestützte Zahlenkonzepte, sondern lediglich Abstraktionen davon. Es gibt Kinder, die es, nach den Symbolen aus der Erwachsenenwelt greifend, anfangs tatsächlich schaffen, mathematische Konzepte zu verstehen. Doch wenn es später um kompliziertere mathematische Vorgänge geht, stellen sich die Pfeiler ihrer Brücke als wenig tragfähig heraus. Die Logik, nach der sie den Brückenbau begonnen hatten, können sie nun nur noch unter großen Schwierigkeiten nachvollziehen. Bei den meisten Kindern, die Symbole vom anderen Ufer in ihre Brückenpfeiler aufnahmen, bricht das Bauwerk bei der ersten Belastungsprobe zusammen.

Manch ein Kind kann die Trümmer nicht mehr zusammensetzen und ist unfähig, mathematische Überlegungen auf fortgeschrittener Ebene anzustellen.

Dass sich die Fähigkeit, mathematische Probleme zu lösen, in der frühen Kindheit entwickelt, ist allgemein bekannt. Trotzdem besetzen das automatische Zählenlernen und das Benennen geometrischer Formen in abstrakter Weise bis heute den ersten Platz in der vorschulischen Bildung. Dabei brauchen die Kinder etwas ganz Anderes. Erfahrungen nämlich, die das zeitlich-räumliche und gleichzeitig das sprachlich-analytische Denken herausfordern, damit sich mathematisches Denken und multiple Intelligenz (siehe S. 22: Gardners acht multiple Intelligenzen) entwickeln können. Kinder, die Zusammenhänge von Menge, Form, Raum, Symmetrie und Musterbildung begreifen, erbauen starke Pfeiler ihrer Brücke.

Diese Brücke verbindet zwei unterschiedliche Denkweisen.

Auf der kindlichen Seite wird hauptsächlich mit konkreten, handhabbaren Dingen gearbeitet. Dabei entwickeln die Kinder Bilder, mit denen sie im Raum und der Zeit denken können. Diese Denkweise hilft ihnen, nicht gegen die Wand zu stoßen, wenn sie aus dem Bett steigen. Sie hilft beim Puzzeln, beim Schach- oder Klavierspielen.

Auf der Seite der Erwachsenen wird mit Wörtern gearbeitet, mit dem sprachanalytischen Denken, das uns vertraut ist und das wir bei den Kindern unterstützen, wenn wir mit ihnen über Probleme und deren Lösungen reden oder sie bei ihren Aktivitäten mit differenzierenden Wörtern bekannt machen.

Da fällt mir ein Denkspiel ein, das die Kinder gern spielen: »Es waren neun Käfer. Vier flogen weg. Zwei kamen wieder zurück. Wie viele Käfer haben wir noch?« Es ist schwer für die Kinder, diese Aufgabe zu visualisieren, ohne sinnlich wahrnehmbare Dinge hin und her zu bewegen. Leichter fällt es ihnen, den Brückenpfeiler der Zahlenmengen zu erbauen, wenn sie kleine Kiesel verschieben, die die Käfer darstellen, ohne Käfer zu sein.

Drei Phasen der Entwicklung mathematischer Konzepte

Zunächst will ich Ihnen sagen, was Sie meiner Meinung nach nicht wissen müssen. Sie müssen nicht Mathematik studiert haben, Sie dürfen ruhig vergessen haben, was die Mathe-Prüfung in der Schule Ihnen über Integrale und Extremwerte, über Gleichungssysteme und binomische Formeln abverlangte. Ich gehe sogar so weit, zu sagen, dass Sie die Bedeutung von mathematischen Fachbegriffen wie Stammbruch oder quadratische Gleichung nicht kennen müssen. Wichtig sind ganz andere Dinge...

Albrecht Beutelspacher

Natürlich müssen Sie alles über die mathematischen Grundkonzepte wissen, die Sie den Kindern anbieten, damit sie ihre Brücken selbst bauen können. Die Pfeiler der Brücken, also die mathematischen Grundkonzepte, sind: Sortieren und Klassifizieren, Muster und Symmetrie, Zahl und Zahlenmenge, Raum und Geometrie, Wiegen, Messen und Vergleichen, graphische Darstellungen.

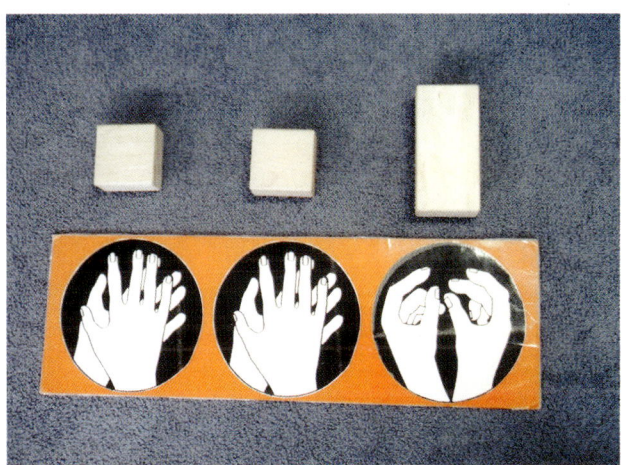

Die konkrete Phase, der Übergang von der konkreten in die abstrakte Phase und die abstrakte Phase – dies sind die drei Phasen der Entwicklung mathematischer Konzepte, die ein Kind durchläuft, um seine Brücke zu bauen.

In der konkreten Phase begegnet das Kind den konkreten Dingen seiner Umwelt. Es spielt damit und stellt Beziehungen her: Es stapelt Bauklötzer übereinander, und das ist möglich, weil die Klötzer gleich groß und rechteckig sind. Es baut einen Turm aus drei Klötzern und sieht: Der Nachbar hat einen aus fünf Klötzern gebaut. Der aus fünf Klötzern ist höher, eindeutig.

Etwa auf der Mitte der Brücke kommt das Kind in die Übergangsphase und kann die konkreten Dinge mit etwas Abstraktem kombinieren. Es nimmt sich Papier und Stifte, es malt die Klötzer-Türme und beginnt, Zahlen mit der Zeichnung zu kombinieren. Übrigens muss es die Zahlen nicht unbedingt schreiben, es kann Zahlen-

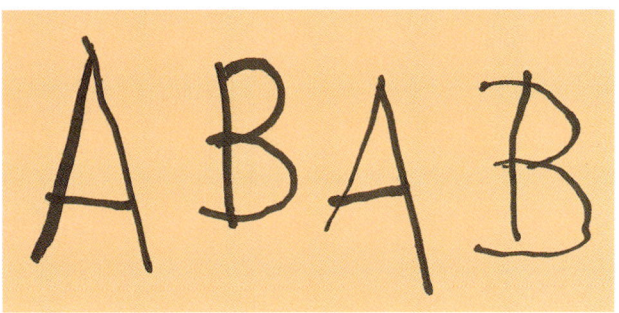

karten neben seine Türme-Zeichnung legen.

In der abstrakten Phase arbeitet das Kind mit Symbolen: Auf seinem Papier sind zwei Türme zu sehen, es schreibt eine 3 und eine 5 dazu, sogar eine 8 kann als Summe erscheinen.

In der ersten Bauphase arbeitet das Kind nur mit handhabbaren Dingen. In der Übergangsphase beginnt es zu abstrahieren und ordnet den Bauklötzen Buchstaben, Farben oder Zahlen

zu. In der dritten Bauphase arbeitet es mit Symbolen (kann zum Beispiel die Bauklötze nach Symbolen bauen), bis es schließlich an das andere Ufer gelangt, an dem es die Bauklötzer nicht mehr braucht, um zwei Türme zu visualisieren. Es schreibt 3 + 5 = 8 und versteht das Konzept dahinter.

Die Grundsteine aller Brückenpfeiler werden gleichzeitig gelegt, denn das Kind eignet sich mathematische Konzepte nicht etwa linear an, eins nach dem anderen, sondern es beschäftigt sich mit Teilen mehrerer Konzepte, es baut an allen Pfeilern zur gleichen Zeit. Verbindet es die Brückenpfeiler miteinander, kann es die Brücke betreten, und sie trägt.

Diesem Prinzip des Brückenbaus bin ich in allen Bereichen der frühkindlichen Bildung und Erziehung wieder begegnet, und – dieses Prinzip verstehend – kann ich den Kindern helfen, wenn sie Konzeptpfeiler in anderen Lernbereichen konstruieren.

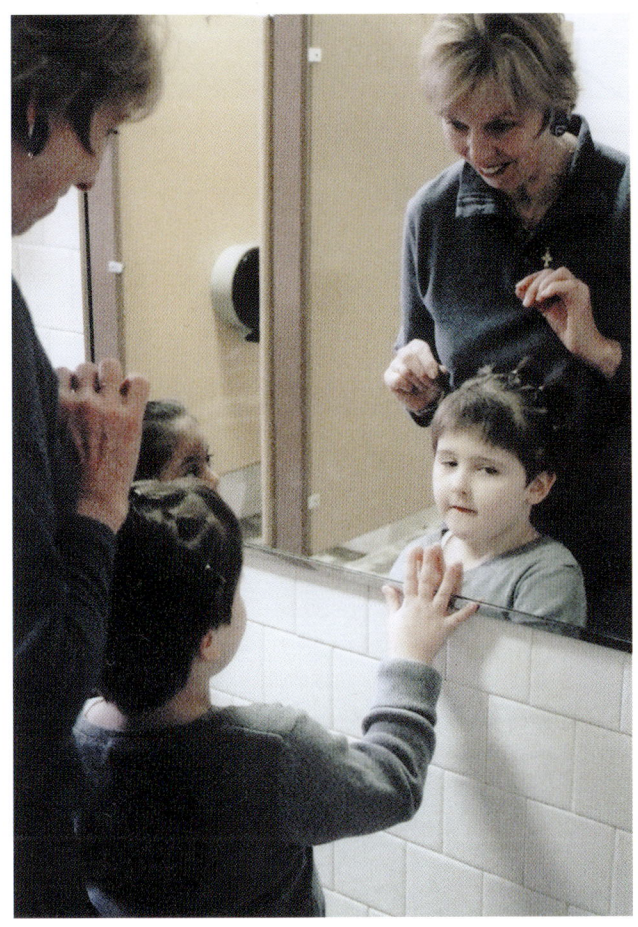

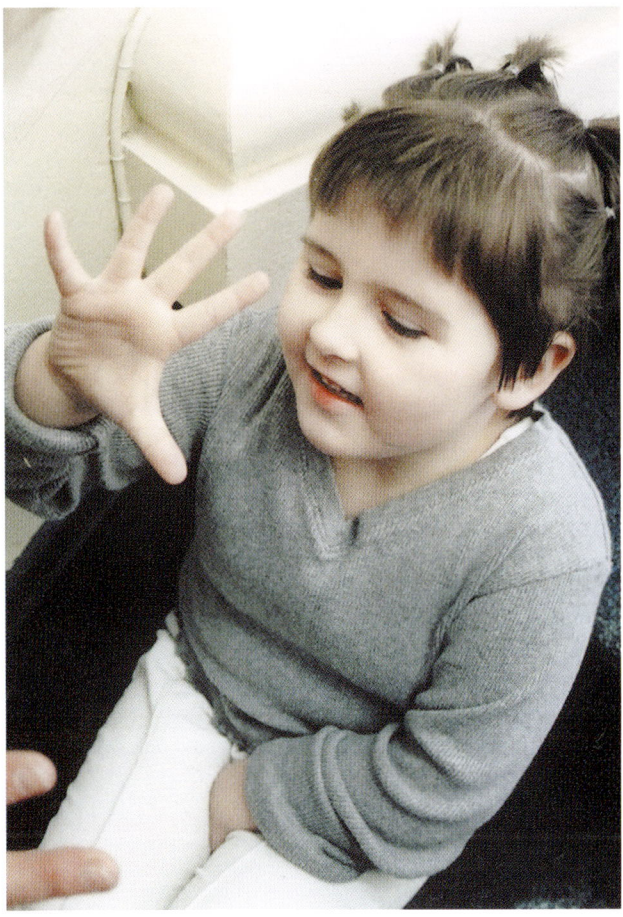

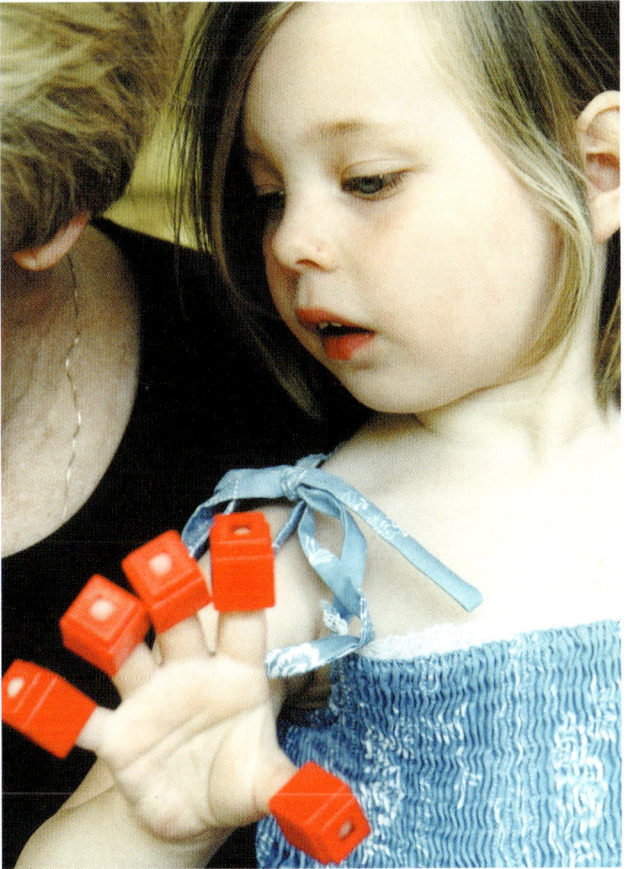

Die Umwandlung vom Konkreten ins Abstrakte

Wenn man Mathematik von ihrer Methode aus sieht, könnte man definieren: Mathematik heißt, durch eigenes Nachdenken etwas rauskriegen. Das bedeutet: Mathematik ist eine Tätigkeit, mit der wir die Welt strukturieren. Mathematik treiben heißt, selbst aktiv zu sein.
Albrecht Beutelspacher

Schulmathematik ist eine Papierwelt, eine symbolische Welt, auf die wir die Kinder vorbereiten. Auf dem Weg aus der konkreten in die symbolische Welt der Schulmathematik müssen die Kinder eine Umwandlung vornehmen, eine Art geistigen Brückenbau bewältigen. Das Visuelle, das Gehör, das Tasten, die Körperbewegungen, einzeln oder gemeinsam eingesetzt, tragen zu dieser Umwandlung bei, aber die Kinder brauchen zusätzlich geistige Modelle, die Sie ihnen im passenden Moment zur Verfügung stellen können.

Was sind geistige Modelle für Mathematik? Bleiben wir beim Bild der Brücke. Jeder Brückenpfeiler hat einen Grundriss – von der ersten konkreten bis zur dritten symbolischen Bauphase. Dieser Grundriss ist das geistige Modell. Er wirkt wie ein Gerüst, das das Kind von der konkreten Bauphase zur symbolischen geleitet. Drei Beispiele sollen das verdeutlichen:

Vanessa baut ein Muster mit Bauklötzern. Ich bitte sie, ihre Musterreihe zu beschreiben. Sie sagt: »Ein kleiner Bauklotz, ein großer Bauklotz, ein kleiner Bauklotz, ein großer Bauklotz...« Nun wiederhole ich mit ihr im Rhythmus: »Klein, groß, klein, groß...« Dabei vermittle ich ein geistiges Modell, das Vanessa durch das Gehör aufnimmt. Ich kann auch in die Hände klatschen oder mit den Fingern schnippsen – dann entsteht das geistige Modell oder Baumuster in der Verbindung von Gehör und Körperbewegungen. Oder ich male abwechselnd einen kleinen und einen großen Punkt –

ein Beispiel für die visuelle Vermittlung. In all diesen Varianten unterstütze ich Vanessa bei der Verallgemeinerung des Konzepts »Muster«.

Angelo hat Schwierigkeiten, seine Spielzeit einzuteilen. Beim Aufräumen merkt er traurig, dass er keine Zeit hatte, mit dem Hammer und den Nägeln zu spielen. Mit ihm zeichne ich einen Arbeitsplan.

Angelo möchte in drei verschiedenen Bereichen spielen. Also male ich drei Kreise und zeichne in jeden Kreis das Symbol für einen der genannten Spielbereiche. Möchte er sein Spiel an einem Platz beenden, kreuzt er das entsprechende Symbol durch und geht zum nächsten. Wenn die Spielzeit um ist und Angelo nicht alle drei Plätze geschafft hat, sieht er das sofort und wird beim nächsten Mal seine Zeit besser einteilen. Das visuelle geistige Modell ermöglicht es ihm, seine Spielzeit selbst zu überblicken und einzuteilen.

Mariah zeigt mir ein Foto von sich.
»Bist du das?« frage ich.
»Ja.«
»Atmest du?«
»Ja.«
»Atmet das Foto?«
»Nein.«
»Bist du das dann wirklich?«
»Nein, das ist ein Bild von mir.«
»Sieh mal, genau so ist es bei den kleinen und großen Punkten auf meinem Blatt und bei den Buchstaben A, B, A, B. Sie sind nur ein Bild von deinem Muster aus kleinen und großen Bauklötzern.«

Wichtig ist der Moment, in dem Sie einem Kind im Spiel, als Antwort auf seine Frage oder als Reaktion auf sein Bedürfnis ein geistiges Modell zur Verfügung stellen, das seinem individuellen Lernstil entspricht. Der Moment muss passen.

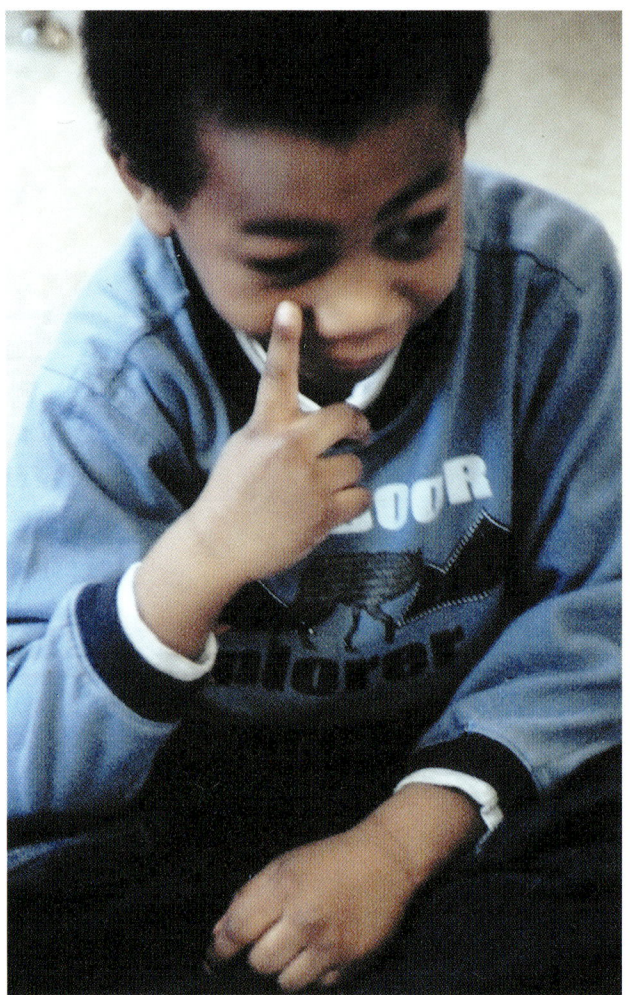

Für meine vierjährigen Kinder, die noch Schwierigkeiten haben, auf verbalem Niveau zu arbeiten, versuche ich, geistige Modelle mittels Visualisierung, Gehör, Tasten und Körperbewegungen zu entwickeln, die möglichst viele Lernstile gleichzeitig unterstützen.

Dabei habe ich festgestellt: Wenn ich die individuelle Lernstärke eines Kindes erkenne und darauf eingehe, dann untermauere ich seine Bauphase. Dazu nutze ich die folgende Tabelle geistiger Modelle, die das Lernen fördern:

Gardners acht multiple Intelligenzen

Musisch-rhythmische Intelligenz:
singen, im Chor sprechen, mit Musik verbinden.

Verbal-linguistische Intelligenz:
zuhören, erzählen, Gedächtnishilfen verwenden.

Logisch-mathematische Intelligenz:
sortieren, kategorisieren, Muster bilden, Sequenzen herstellen, zählen, messen, grafisch darstellen.

Visuell-räumliche Intelligenz:
grafisch darstellen, ausmalen, kartografieren.

Körperlich-kinästhetische Intelligenz:
tanzen, berühren, tasten, schmecken, bauen, Fingersprache.

Intrapersönliche Intelligenz:
mit sich selbst reden, etwas selbst durchführen, vorhandene Kenntnisse nutzen und mit etwas Neuem verbinden.

Interpersönliche Intelligenz:
Zusammenarbeit, dramatisieren.

Naturalistische Intelligenz:
untersuchen, erforschen, identifizieren, kategorisieren, benennen, ein Muster erkennen.

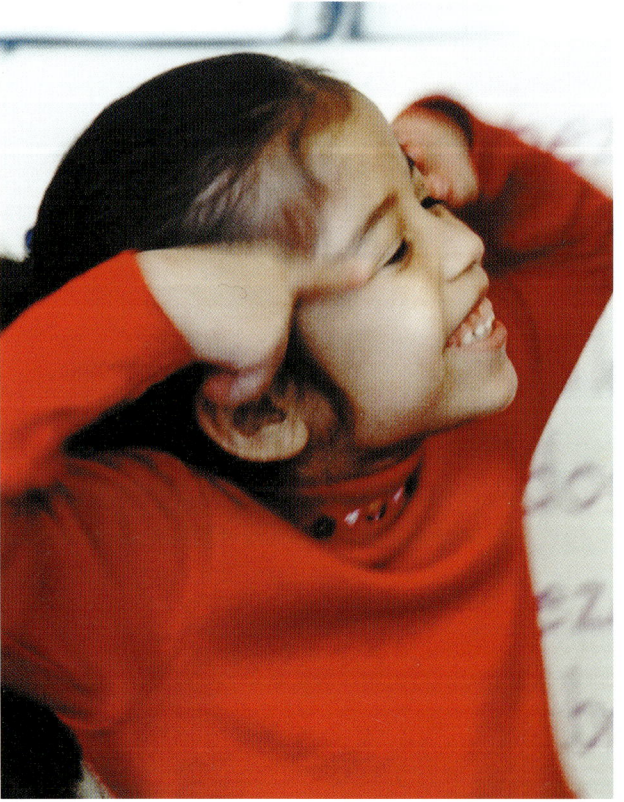

Die Denkweise der Kinder

Schließlich zeigt sich, dass Mathematik unser Blick auf die Welt ist, der Blick jedes Einzelnen. Insofern geht es auch darum, jedes einzelne Kind in seinem jeweiligen Blick auf die Welt ernst zu nehmen.

Albrecht Beutelspacher

möchte. Überhaupt sollten Erwachsene nie als unangefochtene Wissensquellen gelten.

Kinder brauchen viel Zeit, um mit den unterschiedlichsten Materialien spielen und arbeiten zu können. Dabei versorge ich sie mit den nötigen Vokabeln und stelle ihnen offene Fragen,

Jedes Kind soll seine eigene Denkweise entwickeln, auch wenn sie zunächst voller Ungereimtheiten zu stecken scheint. Deshalb schlage ich den Kindern vor, über ihre Annahmen oder Thesen mit anderen Kindern zu sprechen, denn dabei denken sie selbst und befassen sich nicht damit, welche Antwort der Erwachsene hören

die ihr Tun und Denken anregen sollen. So »konstruieren« sie Wissen. Was aber, wenn ein Kind fehlerhaftes Wissen »konstruiert«?

Für ein Kind gibt es kein richtiges oder falsches Wissen, da Wissen nicht mehr ist als die einer Erfahrung subjektiv beigemessene Bedeutung. Deshalb lasse ich auch Schlussfolge-

rungen zu, die in den Augen Erwachsener Unstimmigkeiten aufweisen. Mir ist es wichtiger, dem kindlichen Denkprozess nachzugehen. Im Zweifelsfall schlage ich vor: »Frag mal Brianna oder Franck, was sie darüber denken.«

ken laut. Sie stützen dadurch ihre Überlegungen, ihre Gedanken werden klarer. Beim Zusammenarbeiten in Paaren oder in kleinen Gruppen können sie die Ideen der anderen hören oder sehen und ihre eigenen überprüfen.

 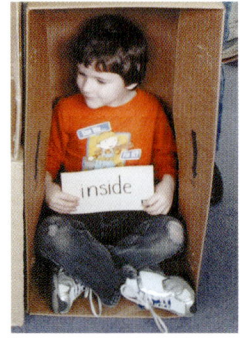   

Die Antwort eines Kindes wird weder gelobt noch getadelt, aber ich frage: »Wie bist du darauf gekommen?« Oder: »Wie hast du das herausgefunden?« Ich höre zu und sage: »Das ist interessant!« Oder: »Deine Frage hat mir sehr geholfen. Sie hat mir dieses Problem erst klar gemacht.«
Kinder, die tief in ihr Spiel versunken sind, den-

Kinder lernen durch Tun, Sehen, Greifen, Tasten und Fühlen. Ihre Wissbegier nutze und unterstütze ich. Wenn es mir gelingt, einem Kind im passenden Augenblick die richtige Frage zu stellen, kann ich seine Ideen erweitern. Beim genauen Zuhören erkenne ich, was das Kind schon durchschaut und wo ich ihm helfen kann, seine Sicht der Dinge zu klären. Im Dialog mit dem Kind führen einfache Ja- oder Nein-Antworten nicht weiter. »Was wäre, wenn...?« Solche Fragen kurbeln das kindliche Denken und die kindliche Lust am Ausprobieren an. Im Spiel lobe ich alle Wie-, Wer- und Warum-Fragen und führe den Kindern vor, wie man sie anwendet.

scheinlich, vermutlich, wenn – dann, möglicherweise, eventuell, denkbar, alle, manche, nie, unmöglich, undurchführbar.

Kommunikation mit Kindern heißt: Reden, fragen und zuhören, schreiben, zusammenarbeiten und sich miteinander austauschen, Bilder und

Die Wörter »nicht« und »kein«, ihre Bedeutung in mathematischen Zusammenhängen ist für Kinder schwer zu verstehen. Wenn wir zum Beispiel bunte Bären sortieren, beginnen wir zunächst mit zwei Sorten: rote Bären und nicht-rote Bären. Stellen sich die Kinder beim Abschied an, üben wir, zu verstehen, was »kein« bedeutet: Kinder, die keine rosa Sachen tragen, stellen sich zuerst an.

»Nicht« und »kein« sind zwei Wörter von vielen, deren Verständnis das logische Denken unterstützt. Andere Wörter, die Beziehungen zwischen Dingen beschreiben, sind: oder, weil, vielleicht, ob, wegen, deshalb, darum, wahr-

Symbole gebrauchen, Dinge skizzieren. All das erweitert den kindlichen Wortschatz und regt differenziertes Denken an.

Mathematisches Denken legt den Schwerpunkt auf Problemlösung und Kommunikation, auf die Herstellung gedanklicher Verbindungen, auf die Wahrnehmung von Zeit und Raum und die daraus folgenden Überlegungen. Wenn Kinder all das so früh wie möglich üben, entstehen die Pfeiler der Brücke und bilden die Basis für schulischen Erfolg und lebenslange mathematische Kompetenz.

Beziehung und Atmosphäre

Eine gute Methode ist, nichts als selbstverständlich und langweilig hinzunehmen,
sondern – etwas überspitzt formuliert – alles
als ein Wunder zu sehen. Dass eine Spinne
acht Beine hat (und nicht nur sechs wie
Fliegen, und schon gar nicht sieben), ist kein
Zufall, sondern etwas Bemerkenswertes
(ein »Wunder«).

Albrecht Beutelspacher

nur einen einzigen Versuch und geben auf,
wenn er scheitert. Aber es gibt auch Kinder,
die sich ein Ziel setzen, Alternativen prüfen,
Risiken eingehen und nicht aufgeben, auch
wenn es lange dauert, bis sie eine Lösung
gefunden haben. Diese Haltung ist nicht an-
geboren. Sie ist das Ergebnis vieler Lernerfah-
rungen, die jedes Kind – mit seinen individuell
ererbten Eigenschaften – macht.
»Du hast viel Geduld. Und ich auch.« Solche

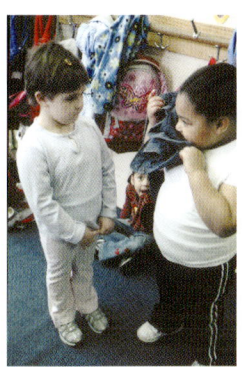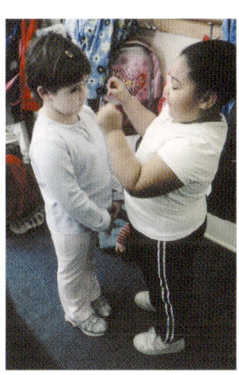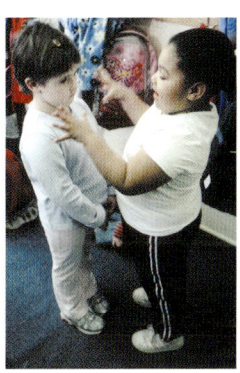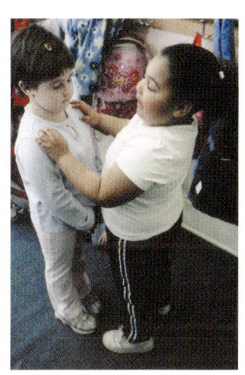

In den ersten Lebensjahren entwickeln Kinder
eine große Offenheit für das Lernen, die bis ins
Erwachsenenalter erhalten bleiben kann. Es liegt
an uns, den Kindern ein Lernumfeld bereitzu-
stellen, in dem sie eine offene, positive Lernhal-
tung einnehmen, eigene Stärken entdecken
und ausbauen können. Aber sie müssen sich in
Geduld und Beharrlichkeit, in Flexibilität und
Risikobereitschaft üben. Sie müssen lernen, sich
zu konzentrieren, und sich daran gewöhnen,
dass sich der Erfolg ihrer Bemühungen nicht
immer sofort, sondern oftmals erst später ein-
stellt. Deshalb ist es nötig, dass wir Erwachsenen
Beziehungen und eine Atmosphäre schaffen,
die den Kindern das Gefühl geben, akzeptiert
zu sein. Das erleichtert es ihnen, geduldig und
konzentriert, ausdauernd und flexibel zu üben,
Wagnisse einzugehen und nicht aufzugeben,
wenn etwas nicht gleich gelingt.

Wenn Kinder Probleme lösen, versuchen es
manche von ihnen immer und immer wieder
auf die gleiche Weise. Andere unternehmen

Bemerkungen helfen, wenn es schwierig wird.
»Wie gut, dass du es immer wieder probierst.
Einmal wird es klappen…« (Zum Beispiel, wenn
Mariah Deja wehgetan hat und sich bei ihr ent-
schuldigt.) Oder: »Hast du versucht, es mal
anders zu schaffen?« »Du hast große Energie,
prima!« »Dieses Problem wird dir etwas bei-
bringen.« »Du hast so einen klugen Kopf, damit schaffst du es.« »Du bist sehr einfallsreich
und findest immer neue Wege.« »Geh mal ein
bisschen zurück, dann wirst du das Problem
besser erkennen und bestimmt eine Lösung
finden…«

Auch wir Erwachsenen müssen uns gut zure-
den, nicht nur, wenn ein verklemmter Reißverschluss den Dienst verweigert, sondern vor
allem, wenn ein Kind immer wieder ermutigt
werden muss. Es hilft, sich zu sagen, dass man
an Problemen lernt und wächst: »Ich begegne
Problemen mit Geduld und Flexibilität. Was
auch immer mich herausfordert, ich weiß, ich
schaffe es…«

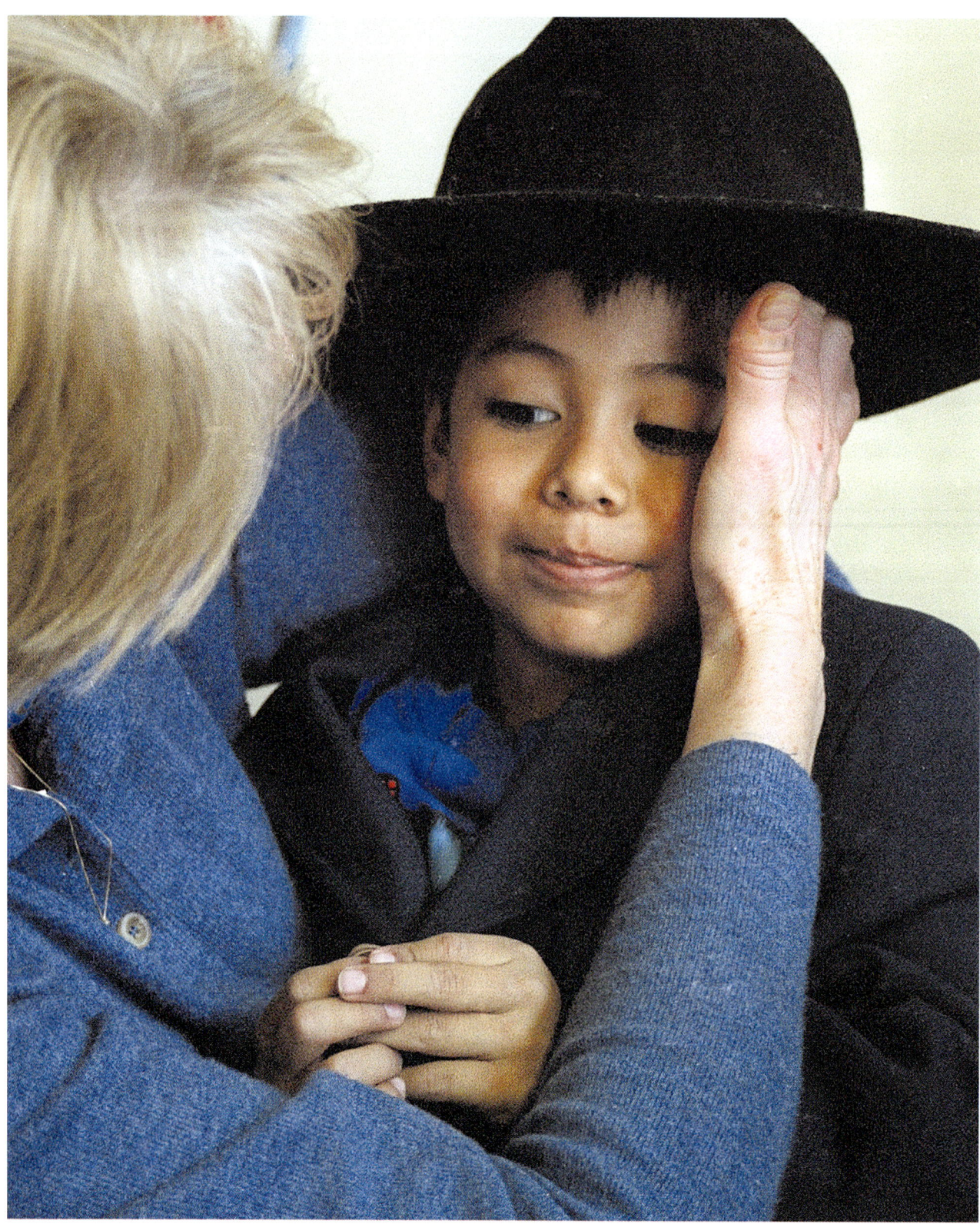

Über eine gelungene Problemlösung mit den Kindern zu sprechen, sie noch einmal durchzugehen, das tut Kindern und Erwachsenen gut. Wir machen das so: Zuerst besprechen wir unsere verschiedenen Wahrnehmungen des Problems. Dann entwerfen wir einen Plan und skizzieren, wie wir das Problem lösen wollen. Nun wird der Plan ausgeführt, und schließlich werden die Lösungen diskutiert.

Auch wenn es uns schwer fällt: Wir Erwachsenen geben keine Lösung vor.

Material und Zeit

Sammeln Sie Gegenstände mit einer bestimmten Eigenschaft. Sie werden staunen: Es gibt zum Beispiel unglaublich viele Gegenstände, die kreisrund sind: ein Autorad, ein Ring, ein Spiegelei, die Pupille, Teller, Tassen, Knöpfe, ein Swimmingpool, ein Klingelknopf, und so weiter und so weiter.

Albrecht Beutelspacher

Zweifelsohne erleichtern gekaufte Lehrmittel uns Erwachsenen die Arbeit, da wir die mathematischen Prinzipien, säuberlich in Schachteln verpackt, gleich mit erwerben. So entsteht der Eindruck, dass Mathematik nur mit speziellem didaktischen Unterrichtsmaterial möglich ist, wie in der Schule. Dem ist nicht so. Es ist vielmehr der Prozess, in dem Mathematikmaterial selbst konzipiert und hergestellt wird, der unser Verständnis für die speziellen Bedürfnisse und Denkweisen der einzelnen Kinder erweitert und festigt. Deshalb: Für anschauliches Lernen brauchen die Kinder kein teures Spielzeug oder gepriesene Lehrmaterialien. Für Entdeckungsreisen in das Gebiet der Symmetrie reichen ein paar aus Spiegelfolie selbst hergestellte Spiegel. Für das Wiegen genügen zwei an einem Stock hängende Schachteln.

Materialien für die Sortier-, Muster- und Zahlenkästchen, mit denen die Kinder arbeiten, sollen die Sinnesorgane reizen. Sie sollen glitzern, glänzen, sich gut anfassen und angenehm riechen. Sie sollen einladen, sofort danach zu greifen. Mit solchen Schätzen spielen die Kinder am liebsten, und sie merken kaum, dass sie sich dabei mathematische Konzepte erarbeiten.

Im Alltag mit Mathematik zu spielen heißt, ihren Sinn zu erfahren. Dazu brauchen die Kinder viel Zeit, und wir Erwachsenen müssen sie ihnen einräumen.

Um zum Bild von der Brücke zurückzukehren: Die tragende Fläche, die Brückenbahn, wird wie verstärkt, wenn der Alltag der Kinder eine Vielzahl an Projekten, Spielen und Mini-Mathe-Aufgaben enthält: zufällige, unstrukturierte Situationen, die sich während eines Spaziergangs, im Buddelkasten und selbst beim Händewaschen ergeben ebenso wie umfangreiche Themen, Projekte genannt, die mehrere Aktivitäten in einer Woche umfassen.

Wir nehmen uns viel Zeit für diese Projekte, die sowohl aus dem Bildungsplan als auch aus den Bedürfnissen der Kinder entstehen.

Planung und Vorbereitung gemeinsam mit den Kindern sind wichtige Bestandteile aller Projekte, die um mathematisches Denken kreisen. Sie werden durch sorgfältig geplantes Mini-Mathe ergänzt, bei denen die Kinder in kleinen Gruppen Zeit für Mathespiele finden. Diese Spiele vermitteln wichtige Kenntnisse und werden, wenn die Kinder sie beherrschen, auch untereinander gern gespielt. Das vermittelt den Kindern ein Gefühl der Autonomie.

Kinder lernen durch ihr eignes Tun; sie müssen selbst handeln können. Beim Frühstück reicht Juri mir ein Brötchen rüber und lernt das Wort »gegenüber«. Im Kaufmannsladen wird Gemüse gewogen. Am Wasserspieltisch wird das Wasser von einem schmalen, hohen Behälter in einen breiten, niedrigen gegossen. Beim Aufräumen sortieren die Kinder Bauklötzer, kleine Autos und Plastiktiere. Beim Spaziergang entdecken sie die Muster der Tannenzapfen und der Blätter. So spielen sie im Alltag mit Mathematik, erfahren ihren Sinn, erkennen die verschiedenartigen Beziehungen der Dinge zueinander und beginnen, diese schöne Wissenschaft zu lieben.

Die Pfeiler der Brücke

Es kaum zu glauben, aber es ist so:
Die Welt ist voller Mathematik. Galileo Galilei
(1564-1642) sagte in einem berühmten Wort:
»Die Natur spricht die Sprache der Mathematik:
die Buchstaben dieser Sprache sind Dreiecke,
Kreise und andere mathematische Figuren.«
Und in der Tat, wenn einem erst einmal die
Augen geöffnet wurden, sieht man Mathematik,
wohin man blickt.

Albrecht Beutelspacher

Mathematische Konzepte folgen keiner Ordnung,
keins ist bedeutsamer als das andere, alle sind
wichtige Pfeiler der Brücke. Deshalb ist es letzt-
lich egal, mit welchem Pfeiler der Brückenbau
beginnt, denn die Brücke entsteht aus gleich-
mäßig tragenden Pfeilern, für deren Bau immer
ein erster konkreter Baustein gebraucht wird.
All diese Bausteine werden zugleich gelegt, als
Grundsteine.

Schon am ersten Tag mit den Kindern zähle
ich die Wochentage, wir stellen uns im Kreis
auf und singen ein Zahlenlied. Wir bilden ein
Muster aus Körperbewegungen oder spielen
mit dem Xylophon. Ich schreibe eine 2 neben
den Teller mit den Keksen, der auf dem Büfett
steht, und erwarte, dass jedes Kind sich nur
zwei Kekse nimmt. Dass das auch klappt,
darauf passen schon die Kinder auf, denen das
wichtig ist.

In den ersten Wochen stelle ich die Materialien nacheinander bereit, damit die Kinder
reichlich Zeit haben, ihre Neugier und Spiellust
auszutoben.

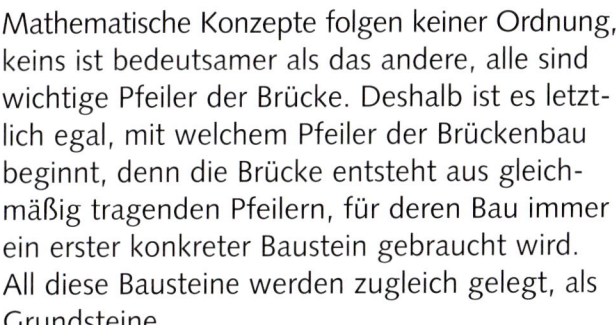

33

Der Pfeiler »Sortieren und Klassifizieren«

Sortieren und Klassifizieren ist ein Vergnügen für alle... Das ist eine typische und zentrale mathematische Fragestellung: »Passen« Dinge zusammen, wenn ja, warum, wenn nein, warum nicht?

Albrecht Beutelspacher

In der zweiten Bauphase werden die Autos nach mehreren Eigenschaften sortiert: Rennwagen, Kombis, Lastautos. Die Kinder können ihre Sortierungen auch zeichnen.

In der dritten Phase stellen die Kinder fest, dass ein Auto in mehrere Kategorien sortiert

Ein kleines Kind braucht lange, bis es die Dinge in seiner Umwelt benennen kann: Mama, Papa, Milch, Brot, Ball, Baum, Auto... Danach lernt es, das, was es sieht, hört, schmeckt und fühlt, zu benennen: rot, glänzend, laut, heiß, hart, weich. Nach diesen Eigenschaften können junge Kinder sortieren, und das tun sie liebend gern. Dabei lernen sie, Mengen und Beziehungen zu beschreiben.

In der ersten Bauphase dieses Pfeilers sortieren die Kinder in zwei Kategorien: hier Autos, hier keine. Wenig später werden die Autos nach einer Eigenschaft sortiert: hier die Rennwagen, hier keine.

werden kann: rote Rennwagen, blaue Lastautos.

Zum Beginn des Klassenjahres zeige ich den Kindern die unterschiedlichen Materialien, und gleich am nächsten Tag kippe ich vier verschiedene Spielzeugkästen auf dem Fußboden aus. Wir vermischen alles miteinander, und ich bitte die Kinder, Ordnung in das Chaos zu bringen und mir beim Sortieren zu helfen. Dabei sprechen wir über die Eigenschaften der verschiedenen Dinge und überlegen, wo etwas hingeräumt werden kann. Nach dieser Erfahrung wird das Aufräumen im Klassenraum zum Sortierspiel.

Später sortieren wir Plastiktiere nach Familien, Knöpfe nach Größe, Farbe oder Anzahl der Löcher, Schlüssel nach Größe und Form. Bei den Knöpfen stellen die Kinder auch ganz andere Beziehungen her: Mal sortieren sie alle glänzenden Knöpfe aus, mal alle stumpfen. Das Sortieren hilft den Kindern, abstrakteres Wissen über die Eigenschaften der Dinge zu »konstruieren«, und sie fangen an, Kategorien zu bilden.

Schlüssel, Murmeln, Muscheln, Knöpfe, Schrauben und Muttern – die Kinder lieben Krimskrams, besonders die Knochen. Bei der Beschäftigung damit erforschen und beschreiben sie die verschiedenen Eigenschaften ihrer Schätze. Dabei wächst das Verständnis für die Beziehungen der Dinge zueinander.

Ich bitte die Kinder, aus den Kästchen, in denen wir den Krimskrams sammeln, Dinge herauszusuchen, die nach ihrer Ansicht zusammengehören, mache selbst den Anfang, und ein Kind legt etwas dazu. Wir begründen unsere Wahl, und zunehmend bilden die Kinder eigene Kategorien. Weil die meisten von ihnen

zuerst nach Farben sortieren, braucht man reichlich Krimskrams in der gleichen Farbe.

Schon bald stellt sich eine schöne Leichtigkeit und Geschicklichkeit im Sortieren ein.

> **Es kommt darauf an, dass die Kinder**
>
> - ... Spaß daran haben, Gegenstände mit bestimmten Eigenschaften zu sammeln;
> - ... aus einer Menge verschiedener Dinge zusammenpassende Dinge auswählen;
> - ... aus einer Menge verschiedener Dinge zusammenpassende Dinge mit einer bestimmten Eigenschaft auswählen;
> - ... die sichtbaren Eigenschaften eines Objekts beschreiben;
> - ... Kategorien von Eigenschaften bilden.

Spiele und Mini-Mathe zum Sortieren und Klassifizieren

Diese Spiele und Mini-Mathe fördern die Wahrnehmung, logisches Denken sowie die Erweiterung und Festigung des kindlichen Wortschatzes.

Beim Sortieren betrachten die Kinder einzelne Eigenschaften losgelöst von den zu kategorisierenden Objekten. Kinder, die gerade erst die Bezeichnungen von Gegenständen lernen, können diese Abstraktionsleistung noch nicht erbringen. Für solche Kinder ist es empfehlenswert, sich beim Sortieren von Objekten zunächst allein auf das Merkmal Farbe zu beschränken und erst nach und nach andere Eigenschaften hinzuzunehmen.

Kategorien zu bilden und innerhalb dieser Kategorien Beziehungen zwischen ansonsten unterschiedlichen Dingen herzustellen, das ist ein großer Schritt in der Entwicklung mathematischen Denkens.

Spielzeug sortieren

Um den Begriff »Sortieren« einzuführen, wählen wir Spielsachen dreier Kategorien, zum Beispiel Bausteine, Puppen und Fahrzeuge. Sie werden durcheinander auf einen Haufen gelegt. Gegebenenfalls mit Unterstützung, sortieren die Kinder die Spielzeuge auseinander. Sie entwirren das Chaos und geben ihm eine Struktur.

Fragen Sie die Kinder, warum sie die Spielzeuge auf eine bestimmte Weise geordnet, welche Kategorien von Eigenschaften sie benutzt haben. Warum passen die jeweils sortierten Spielzeuge zueinander?

Sortieren in der Natur

Auf einem Spaziergang sammeln die Kinder Blätter, Federn oder Steine, sortieren die Funde und kleben sie auf große Papierbögen. Nach und nach werden die Sortierungen differenzierter, die Kinder gruppieren die Funde nach Eigenschaften wie glänzend, stumpf oder rau.

Entscheiden Sie vor solchen Spaziergängen mit den Kindern, nach welchen Eigenschaften gesucht werden soll, und schreiben Sie dies, ergänzt durch Bilder, auf ein Blatt. Nehmen Sie das Blatt mit auf den Spaziergang und lesen Sie es unterwegs immer mal wieder vor.

Sortierbücher

Kinder suchen und sammeln Dinge mit bestimmten Eigenschaften und kleben sie in selbst angefertigte Heftchen.

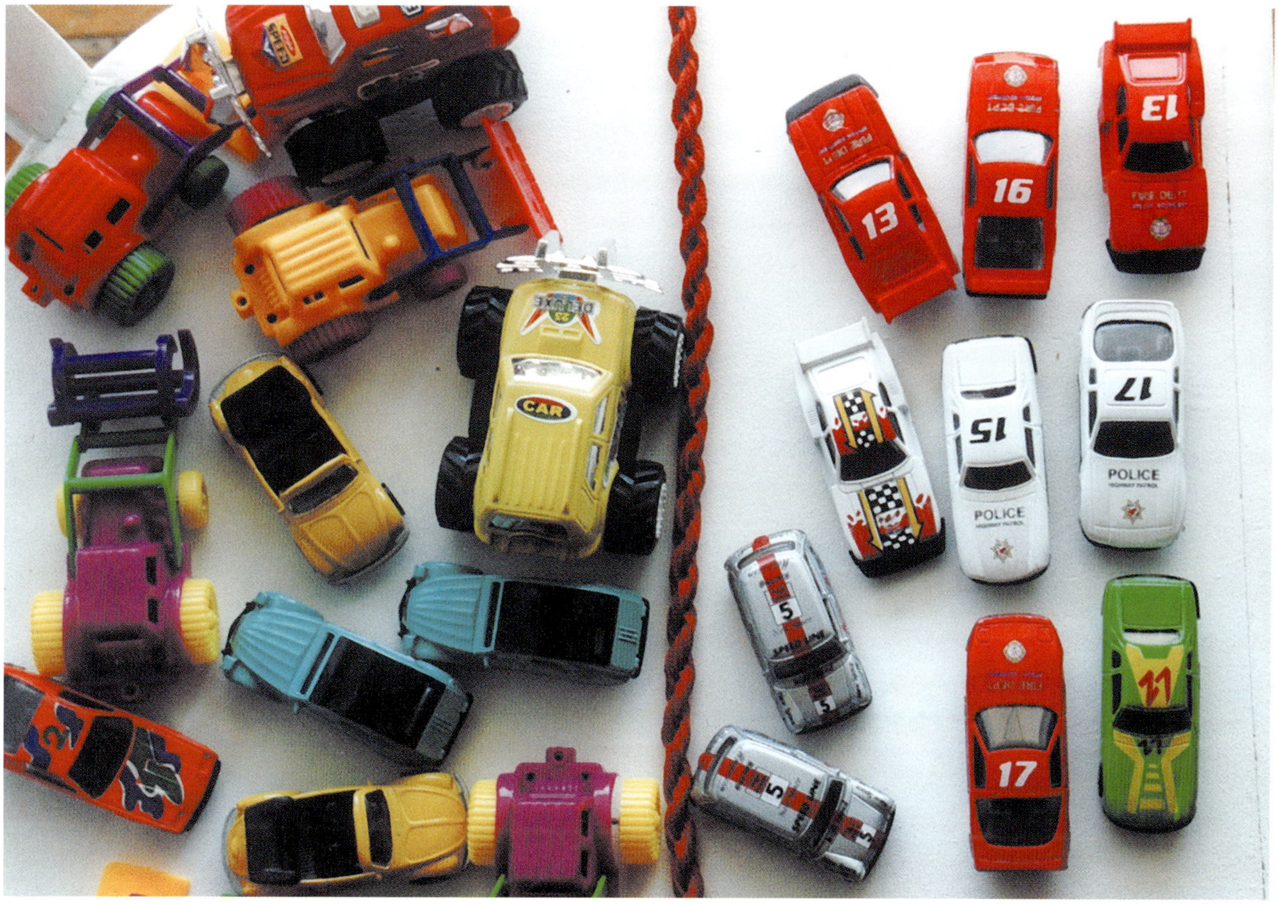
CAR
13
16
15
17
POLICE
POLICE
17

PAPAS
ROT

GELB
BLAU
MAMA
BABIES

GELB
BLAU
MAMA
BABIES
PAPA
ROT

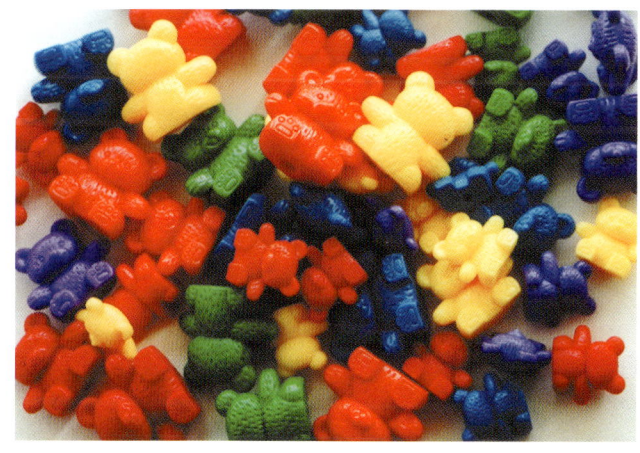

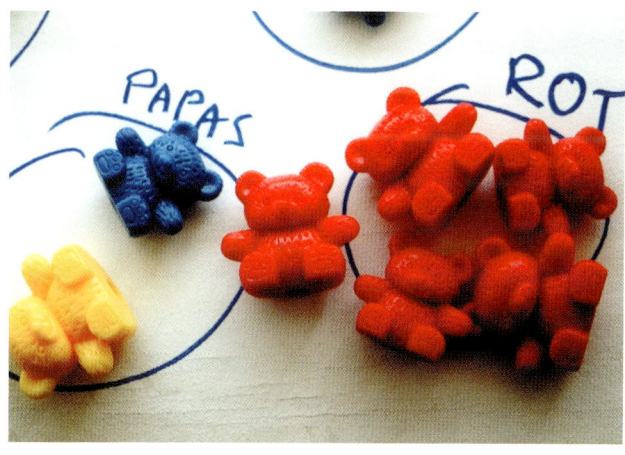

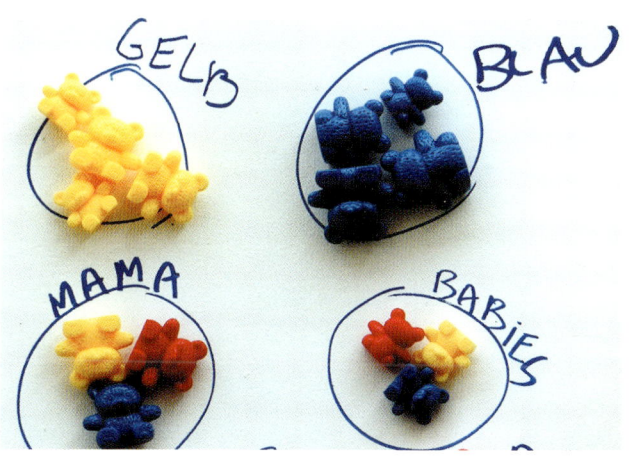

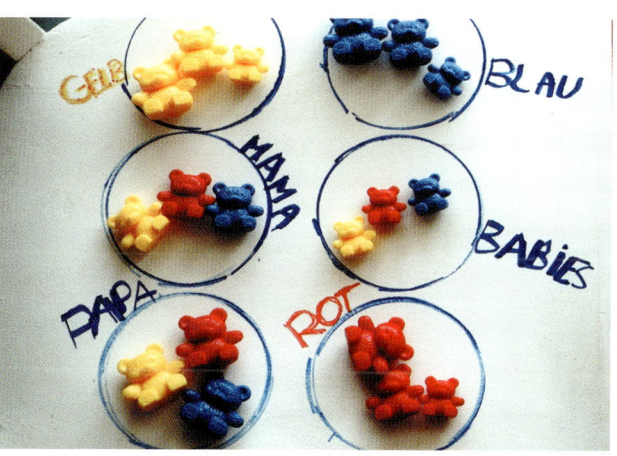

Sortieren vom Kleinsten
zum Größten, vom
Dicksten zum Dünnsten…

Sortierkästchen

Sammeln Sie mit den Kindern Krimskrams in einheitlichen Kästchen mit verschiedenen Sortierunterlagen: Kuchenförmchen, Angelköderkästchen, Druckerkästen.

Bitten Sie die Kinder hin und wieder, von zu Hause etwas mit einer bestimmten Eigenschaft mitzubringen: etwas Rotes, etwas Glänzendes... Die Kinder können diese Gegenstände in die Sortierkästchen einordnen.

Schuhe sortieren

Die Schuhe der Kinder kommen auf einen Haufen. Als erstes werden die Kategorien, nach denen sortiert werden kann, festgelegt, und danach geht es los. Beim Aufräumen können alle nach den zusammengehörigen Paaren suchen. Handschuhe oder Jacken eignen sich auch für dieses Spiel.

Kinderbilder

Ein Kind soll gezeichnet werden. Zunächst zeigt jemand auf den Kopf des Kindes, und die anderen Kinder beschreiben, was sie sehen. Dann folgen der Körper, Arme und Beine... Was die Kinder beschreiben, zeichnen Sie auf einem Overhead-Projektor mit, während die Kinder, jedes für sich, auf großen Papierbögen ebenfalls zeichnen. Das schult die Wahrnehmung von Eigenschaften und Details. Aller zwei Wochen oder monatlich praktiziert, ermöglicht es diese Übung, die Fortschritte der einzelnen Kinder wahrzunehmen.

Kinder sortieren

Ein Kind sortiert die Kindergruppe nach den Kategorien: Geschlecht, Körpergröße, Hose oder Rock, langärmelig oder kurzärmelig, Ohrringe, Haarlänge, Knopf- oder Reißverschluss...

Sortieren am Projektor

Auf einen Overhead-Projektor werden verschiedene Knöpfe gelegt. Die Kinder überlegen, welche Knöpfe zusammengehören und warum. Einige Kinder sortieren die Knöpfe nach ihrer Form, andere vielleicht nach der Größe oder der Anzahl der Löcher.

Gedanken lesen

Erfahrungen mit dem Zuordnen nach bestimmten Merkmalen haben die Wahrnehmung der Kinder geschärft, so dass sie den Prozess auch umgekehrt nachvollziehen können. Bei vorsortierten Gruppierungen können sie die ihnen zugrunde liegenden Kategorien erkennen und benennen.

Nachdem ein Merkmal ausgewählt wurde, werden drei Kinder, die dieses Merkmal tragen – zum Beispiel »kurzärmlig« – gerufen. Als nächstes wird ein Kind gerufen, das das Merkmal nicht aufweist, sondern ein langärmliges Hemd trägt. Die gerufenen Kinder stehen für alle Ratenden gut sichtbar in einer Reihe. Ein Doppelpfeil, dessen eine Seite rot und die andere Seite grün ist, wird zwischen die zwei Gruppen auf den Boden gelegt. Nun wählen Sie ein weiteres Kind aus, das entweder ein lang- oder ein kurzärmliges Hemd trägt, und fragen: »Wer kann meine Gedanken lesen? Zu welcher Seite werde ich dieses Kind wohl schicken? Warum?«

Lassen Sie den Kindern genug Zeit zum Überlegen, bevor sie eine ihrer beiden Karten hochheben, die rote oder die grüne, um das Ergebnis ihrer Überlegungen anzuzeigen. Bald entwickeln einige Kinder eine erstaunliche Schnelligkeit und eigene Systematik bei diesem Spiel.

Spielvariante 1:
Es kann auch mit kleinen Gegenständen gespielt werden, zum Beispiel mit einer Sammlung unterschiedlicher Schlüssel. Jedes Kind erhält wie zuvor je eine rote und eine grüne Karte. Nun wird ein Schlüssel mit gerundetem Kopf auf einen großen Bogen grünes Papier gelegt. Legen Sie nach und nach noch ein paar gerundete Schlüssel dazu. Nehmen Sie dann einen Schlüssel mit eckigem Schüsselkopf und legen Sie ihn auf den roten Papierbogen. Den nächsten Schlüssel halten Sie hoch: »Könnt ihr euch denken, wo dieser Schlüssel hinkommt?« Mit den Karten zeigen die Kinder ihre Vorhersagen an.

Auch geometrische Formen mit ihren offensichtlichen und gut vergleichbaren Eigenschaften eignen sich für diese Spielvariante.

Spielvariante 2:
Die Kinder finden eine vorsortierte Menge Knöpfe und erraten die Eigenschaften.

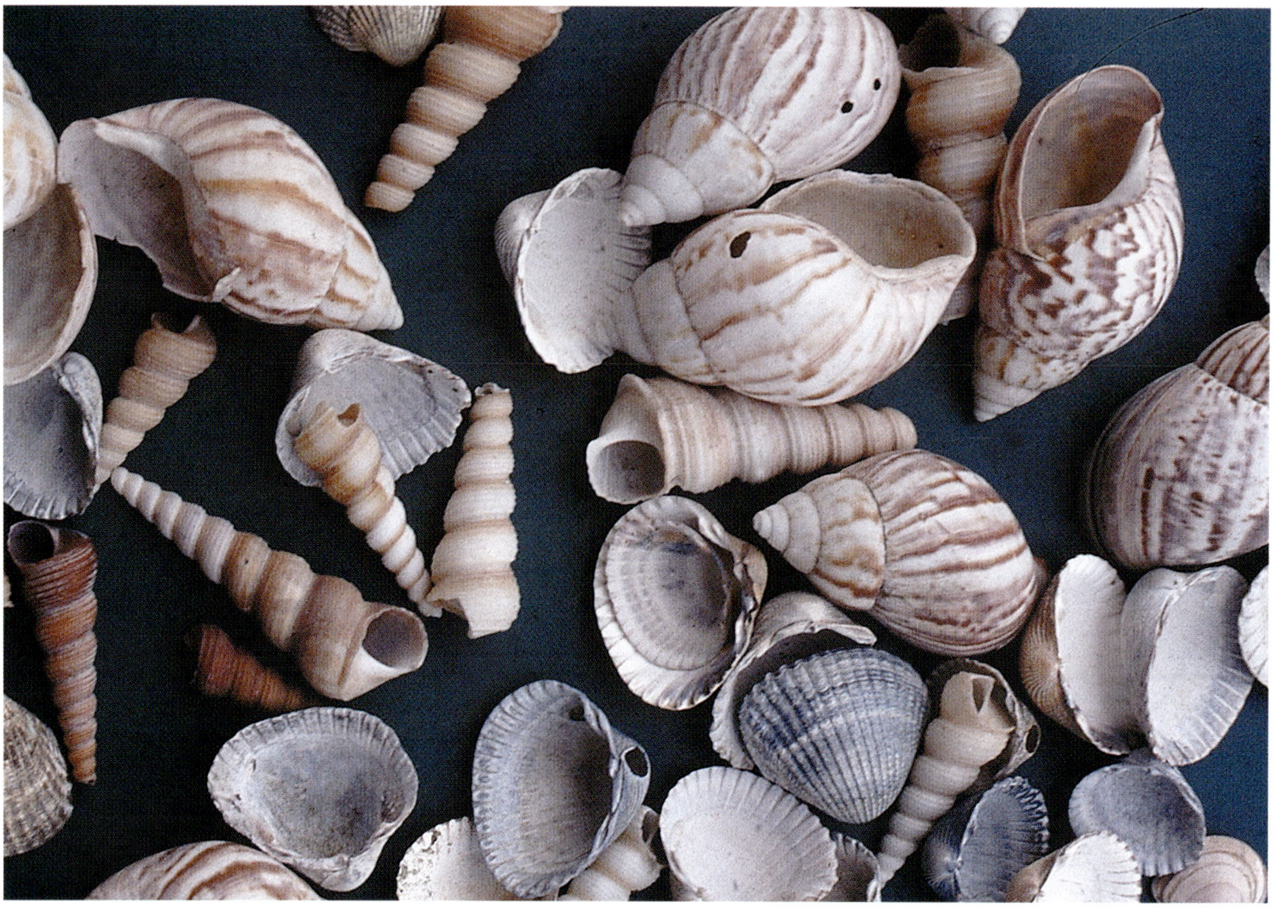

CES
CE
1
SCHUTZBACH
SCHLIETZT

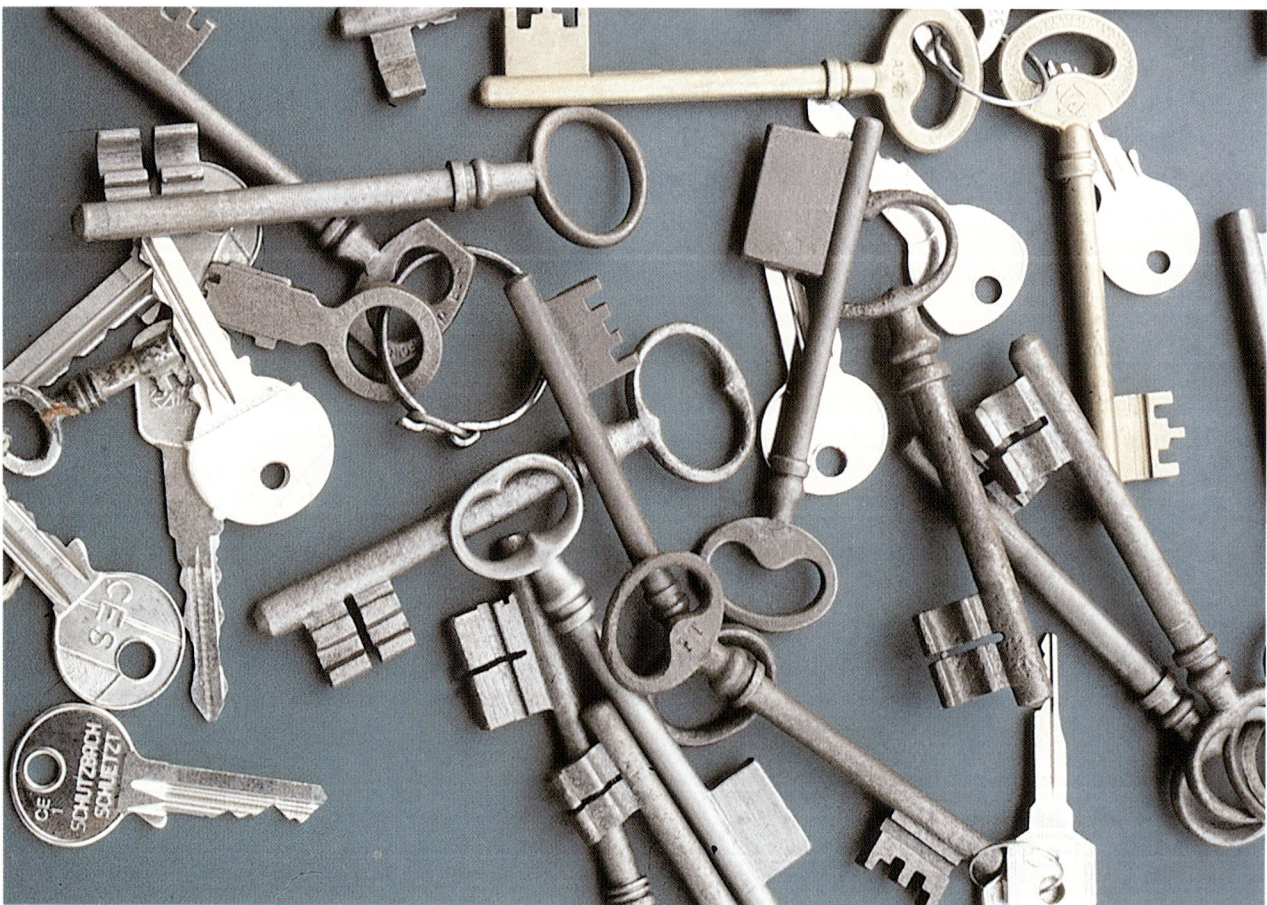

Der Pfeiler »Muster«

Das Auge ist das »Organ« der Mathematik.
Albrecht Beutelspacher

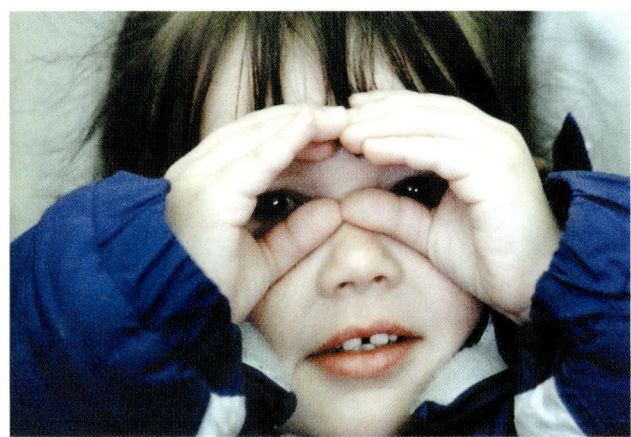

Die Natur bietet uns unzählige Muster an: Wenn wir einen Tannenzapfen ansehen und die Regelmäßigkeit der Samenkapseln entdecken, wundern wir uns. Bei der Ananas staunen wir über die »Augen« und zeichnen die duftende Frucht, bevor wir sie aufschneiden und probieren. Muster sind ein alles miteinander verwebendes Prinzip in der Natur, in der Musik, vor allem aber in der Alltagswelt: Ins Bett gehen, wieder aufstehen, Wäsche sortieren, kochen, Bäume, Blumen und Sterne bewundern – all das macht es leicht, sich der Mathematik zu nähern.

»Ein Muster ist etwas, das sich immer wieder-holt, von hier bis nach Australien.« Diesen Satz lieben die Kinder. Sie halten Ausschau nach Zusammenhängen und Regelmäßigkeiten, weil sie die Welt, in die sie hineinwachsen, verste-hen wollen. Aus Chaos soll Ordnung werden und aus Unsinn Sinn. Nichts ist langweilig für die Kinder, jedes neue Muster ist ein Wunder, das geliebt wird, egal, ob es der Natur ent-stammt oder auf einem T-Shirt prangt. Wer Muster bildet, erschafft eine sich wiederholende Ordnung, egal, ob sie zu sehen, zu hören ist oder ob sie sich bewegt.

Wenn wir die grundlegende Ordnung unserer Welt anschauen, nehmen wir bestimmte Regel-mäßigkeiten wahr. Das gibt uns ein Gefühl der Sicherheit, weil wir wissen, was als Nächstes kommt: nach dem Frühling der Sommer, der Herbst und der Winter, nach dem Donner der

Blitz. Die dunklen Wolken lassen ahnen, dass es bald regnen wird.

Nehmen sie solche Zusammenhänge wahr, entwickeln Kinder bald auch eigene Muster und Logiken. Können sie sich auf Regelmäßigkeiten verlassen, werden sie sicherer im Vorhersehen von Ereignissen. Sie erkennen Beziehungen und

Tannenzapfen. Wir suchen nach Symmetrie.

Unsere Körper sind fast immer symmetrisch. Wir sehen das, wenn wir uns nur zur Hälfte vor einen Spiegel stellen. Das sieht lustig aus, und die Kinder können es nicht oft genug machen. Später gehen wir mit aus Spiegelfolie selbst hergestellten Spiegeln auf die Suche nach identischen Hälften, suchen Symmetrie, die sich um

Zusammenhänge und können immer besser verallgemeinern. Deshalb stelle ich den Kindern Muster als eines der ersten mathematischen Konzepte vor.

Wir entwerfen Musterreihen: eine Puppe, ein Bauklotz, eine Puppe, ein Bauklotz... Wir verbinden dieses Spielzeug-Muster mit Körperbewegungen, zeigen auf die Puppe und schnippsen mit den Fingern, zeigen auf den Bauklotz und klatschen in die Hände. Nach einer Weile Schnippsen und Klatschen ändert ein Kind die Kategorie. Obst kommt an die Reihe: Apfel, Banane, Pfirsich, Apfel, Banane, Pfirsich...

Später wechseln wir zu Buchstaben und rufen beim Schnippsen, Klatschen und Fußstampfen: »A, B, C, A, B, C...«
Nicht nur in Reihen wiederholen sich Muster, sie können sich auch im Kreis drehen wie beim

ihre Achse drehen kann und dabei identisch bleibt. Wir finden einen Ball, die Buchstaben I, H, O, S und X. Auch mit zwei Spiegeln, über Eck gehalten, bekommen wir ein Muster, das sich im Kreis drehen kann.

Die Sortierkästchen für den Krimskrams werden umfunktioniert in Musterkästchen. Musterreihen aus Schrauben und Bolzen entstehen: Schraube, Schraube, Bolzen...

Beim Sortieren haben die Kinder herausgefunden, dass die Dinge unterschiedliche Eigenschaften haben. Beim Thema »Muster« machen sie sich dieses Wissen zunutze und kombinieren Gegenstände mit unterschiedlichen Eigenschaften: Knöpfe mit vier Löchern, Knöpfe mit zwei Löchern...

Um wieder auf das Bild der Brücke zu kommen: In der erste Bauphase bauen die Kinder mit handhabbaren Dingen. Sie bilden Reihen,

Ich will mein
Pullover-Muster
klatschen!

stellen sich wiederholende Muster dar und können das Prinzip erklären, nach dem sie handeln.

In der zweiten Bauphase lernen die Kinder, von den konkreten Mustern zu abstrahieren. Das konkrete Muster: eine Puppe, ein Bauklotz, eine Puppe, ein Bauklotz... Dazu werden rote und grüne Vierecke hingelegt. Auch von ihnen lässt sich das Puppen-Bauklotz-Muster ablesen und erklären.

In der dritten Phase wird mit abstrakten Symbolen gearbeitet: AAB, AAB... Die Kinder erkennen das Muster und können es mit handhabbaren Dingen nachvollziehen. Sie zeichnen die Musterreihen und schreiben die Buchstaben AAB, AAB... dazu.

Es kommt darauf an, dass die Kinder

- ... Spaß daran haben, überall Muster zu entdecken;
- ... Versuche mit Reihenmustern und Symmetrie durchführen und die Ordnung darin entdecken;
- ... Muster aus Objekten erkennen, beschreiben und fortsetzen;
- ... Muster aus Tönen erkennen, beschreiben und fortsetzen;
- ... Muster aus Bewegungen erkennen, beschreiben und fortsetzen.

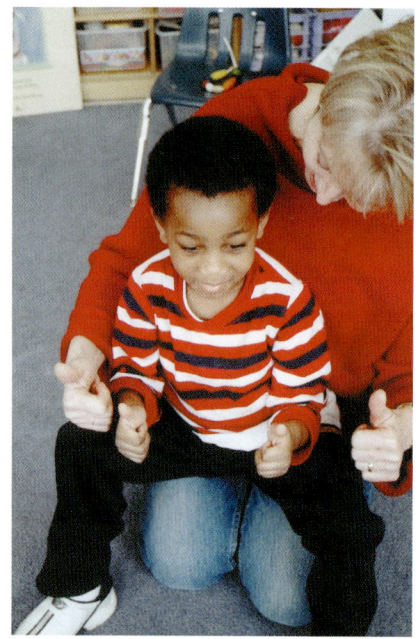 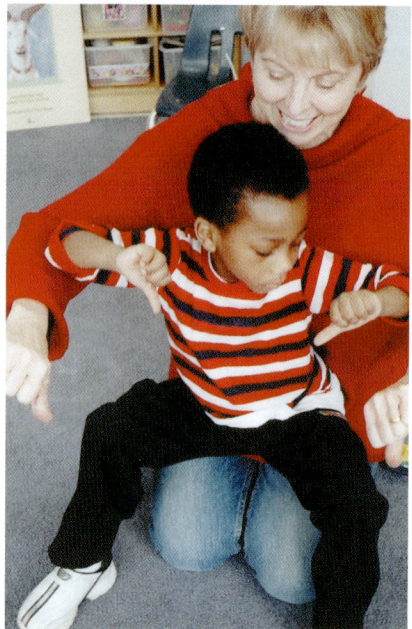 

Spiele und Mini-Mathe zum Erkennen und Bilden von Mustern

Diese Spiele und Mini-Mathe helfen Kindern, Muster zu bilden, zu beschreiben, Ähnlichkeiten und Unterschiede wahrzunehmen und die Systematik der Regelmäßigkeit zu erkennen. Darüber hinaus lernen sie, Muster auf unterschiedliche Arten darzustellen. Sie wissen: »Ein Muster ist etwas, das sich immer wiederholt, von hier bis nach Australien.«

Schnippsen und Klatschen

Rhythmisches Fingerschnippsen und Händeklatschen nach verschiedenen Mustern ist eine Übung, die sich auch als Übergang von einer Gruppenhandlung zur nächsten eignet. Verschiedene Schnipps- und Klatschrhythmen können als festes Ritual oder zwischendurch und an jedem Ort eingesetzt werden.

Ich beginne mit einer Folge, der ich eine Kategorie wie Obst zuordne, zum Beispiel Apfel und Pfirsich. Die Kinder klatschen, schnippsen und sprechen die Wörter nach, eine Sequenz nach der anderen, so dass ein endloses Muster entsteht. Sobald sie Denken und Bewegungen sicher miteinander koordinieren können, nehme ich weitere Begriffe dazu: Apfel, Pfirsich, Banane, Apfel, Pfirsich, Banane... Wenn das Obst sich erschöpft hat, kommen Gemüse, Fahrzeuge oder Tiere an die Reihe. Im Laufe des Jahres gehen wir dazu über, Buchstaben in die akustischen Muster einzubauen: AAB, ABA, AAB, ABA...

Tanz-Muster

Verschiedene Bewegungen werden wiederholt – vier Schritte vorwärts, vier Schritte rückwärts, vier Handschläge an das rechte Bein, vier Handschläge an das linke Bein –, so dass sie ein Muster ergeben. Die Kinder zeichnen die

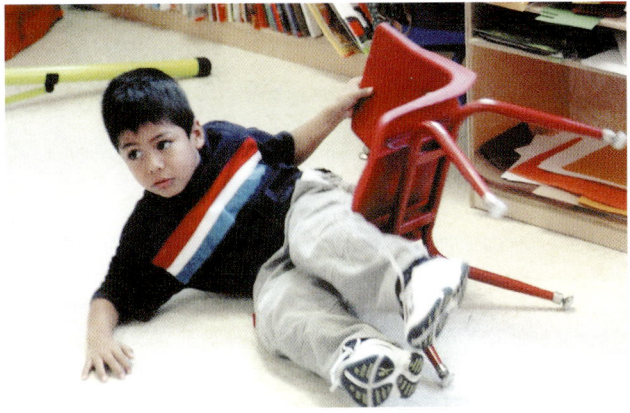

Alle sind ein Muster. Und Angelo ist dabei.

Bewegungen, geben ihnen einen Namen oder ordnen ihnen einen Buchstaben zu.

Spielzeug-Muster
Aus einem Berg Spielzeuge wird ein Muster gelegt: Baustein, Auto, Puppe, Baustein, Auto, Puppe. Welches Spielzeug muss als nächstes angelegt werden?

Krimskrams-Muster
Mit dem Inhalt der Sortierkästchen – zum Beispiel Schlüssel, Nähgarnrollen, Knöpfe – können Musterreihen gelegt werden.

Ton-Muster
Auf die Tasten des Keyboards oder Xylophons können Zahlen oder Buchstaben geschrieben werden. So kann man die Muster 221, 221... oder AAB, AAB... hören und nachsingen.

Muster malen
Die Kinder malen das Muster eines Kleides oder eines Hemdes ab.

Kinder-Symmetrie
Während ein Kind gezeichnet wird, achten alle auf die Symmetrie seines Körperbaus. Ein großer Spiegel – Spiegelfolie auf Pappe geklebt – zeigt diese Symmetrie deutlich.

Buchstaben-Symmetrie
Welche Buchstaben weisen identische Teile auf, wenn wir sie halbieren? Welche Buchstaben lassen sich im Kreis drehen, ohne ihr Aussehen zu verändern? Durch Probieren finden wir das heraus.

Kaleidoskop-Muster
Zwischen zwei übereck aufgestellte Spiegel aus Spiegelfolie wird ein Bauklotz gelegt. Daneben wird das gespiegelte Muster nachgebaut.

Der Pfeiler »Zahl«

Ein Thema der Mathematik sind Zahlen. Schon in der Schule des Pythagoras – etwa 500 Jahre vor Christus –, die nach unserem Wissen der Ursprung der Mathematik ist, erkannte man die Bedeutung der Zahlen. Die Pythagoräer drückten diese Erkenntnis in ihrem Wahlspruch »Alles ist Zahl« aus. Für uns sind Zahlen so selbstverständlich, das wir uns eine Welt ohne Zahlen und Zählen kaum vorstellen können.
Albrecht Beutelspacher

Den Sinn der Zahlen zu erfassen, das ist viel mehr, als bis 100 zählen zu können. Manche Eltern bringen ihren Kindern nicht nur die Zahlen bis 100 bei, sondern möchten gern, dass sie auswendig 1 + 1 = 2 können. Mechanisch gelerntes Zählen können schon die Jüngsten. Doch erst in Verbindung zu realen Objekten werden Zahlen lebendig und verständlich. Ohne diese Verbindung bleiben sie leere Symbole.

In der ersten Bauphase müssen junge Kinder Zahlen visualisieren. Das heißt, sie stellen sich die Zahl 4 als eine Menge von vier Punkten vor. Diese Vorstellung prägt sich ein, wenn die Kinder häufig Gelegenheit zum Zählen haben und dafür unterschiedliche Materialien nutzen können.

Beim Visualisieren geht es primär um die Gruppierung innerhalb der Zahlen 2 bis 5. Wissenschaftler haben herausgefunden, dass wir Mengen bis 5 als Einheiten von Punkten visualisieren. Jede Menge darüber hinaus stellen wir uns getrennt vor: Eine 6 zum Beispiel als 5 und 1. Eine siebenstellige Telefonnummer als Menge von 3 und 4. So können wir sie besser im Gedächtnis speichern, denn wir verfügen über ein geistiges Modell.

In der zweiten Bauphase sehen die Kinder die fünf Punkte in verschiedenen Kombinationen, zum Beispiel 3 und 2 oder 1 und 4. Trotzdem erkennen sie sofort, dass es sich um 5 handelt.

Nun sind sie vorbereitet, den Weg zum abstrakten Darstellen zu beschreiten, und legen Zahlenkarten, um mit ihnen die verschiedene Kombinationen darzustellen.

Zahlen sind Ideen

Wir pflücken ein Kleeblatt, sehen, dass es grün ist, und zählen seine Blätter. Dabei stellen wir fest, dass Kleeblätter verschieden groß sein können. Brianna hat sogar ein vierblättriges Kleeblatt gefunden, einen Glücksklee. Nun suchen alle Kinder die Wiese ab und wollen Kleeblätter zählen.

Wenn wir über Farbe, Form, Größe und Anzahl der Blätter sprechen, »konstruieren« die Kinder ihr Wissen zu diesen abstrakten Begriffen. Farbe, Form und Größe der Blätter können sie sehen, aber die Zahl der einzelnen Blättchen ist vergleichsweise schwer zu begreifen. Die Zahl 3 ist eben nur eine Idee. Die Kinder können sie nicht auf dem Kleeblatt lesen. Sie ist Teil des Wissens, das sie selbst »konstruieren« müssen, weil es nach Piaget nicht lehrbar ist.

  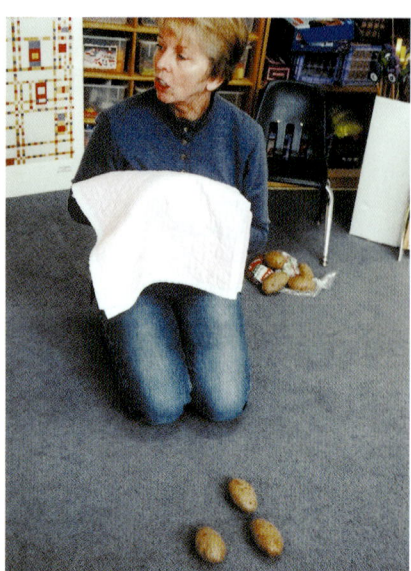

Das Kartoffelratespiel: Wie viele Kartoffeln sind unter meinem Tuch? Und wie viele jetzt noch?
Daquan sagt: »Acht!«. Kartoffellieder singen und klatschen. Und Kartoffeln essen!

 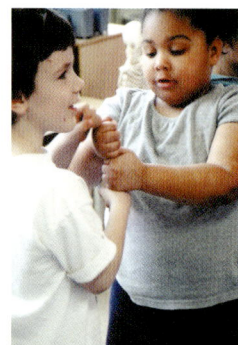 

Dieses Wissen betrifft die Beziehungen der Dinge zueinander. Die Kinder müssen also die Kleeblätter betrachten, daran riechen, sie auseinander zupfen, um aus den Erfahrungen, die sie dabei machen, eigene Bedeutungen abzuleiten und sie mit anderen Erkenntnissen und früheren Erfahrungen zu vergleichen.

Die Idee der Zahl 3 mit Hilfe der Kleeblätter zu begreifen und diesbezügliches Wissen zu »konstruieren«, das setzt einen komplizierten Prozess voraus. Wenn wir diesen Prozess zu schnell auf die abstrakte Ebene der Symbole heben, übergehen wir, dass die Kinder sich selbst eine tragfähige Brücke bauen müssen, die ihre Welt der konkreten Dinge mit der abstrakteren Welt der Symbole verbindet.

Der Prozess, in dem die Kinder sich das Konzept der Zahlen aneignen, gliedert sich in drei Teile: Inklusion oder Einbeziehung, Eins-zu-eins-Übereinstimmung, Bewahrung oder Konservierung der Nummer.

Das Prinzip der Einbeziehung

Wie viele Kartoffeln liegen auf dem Boden? Vanessa zählt: »1, 2, 3«, und zeigt auf die Kartoffeln. Warum sagt sie nicht einfach »3«? Weil sie das Prinzip der Einbeziehung oder Inklusion noch nicht versteht. Sie sieht nicht, dass die Zahl 3 die 1 und 2 bereits enthält. Für sie ist »3« nur der Name der Kartoffel, auf die sie gerade zeigt. Die richtige Reihenfolge der Zahlen hat sie zwar schon gelernt – sie sagt nicht »1, 3, 2« – aber für sie ist die Reihenfolge der Zahlen eben nur eine Folge der Namen von Nummern, die man sagt, wenn man auf Gegenstände zeigt. Sie muss noch lernen, dass – unabhängig von der Ordnung, in der die Kartoffeln liegen – 3 immer schon 1 und 2 einschließt.

Also werde ich mit Vanessa konkrete Dinge wie Kartoffeln eins zu eins einordnen und sie Mengen von zwei Dingen im Zahlenkästchen entdecken lassen.

Warum zählt Caitlin einen Ball zuviel?

Das Prinzip der Übereinstimmung

Wenn sie auf einen Ball zeigt, nennt Caitlin manchmal zwei Zahlen. So kommt sie auf die Zahl »9«, obwohl da nur 8 Bälle liegen. Caitlin lernt gerade, dass sie zu zählen aufhören muss, sobald sie beim letzten der zu zählenden Gegenstände angelangt ist. Wenn sie jeder Zahl je einen Gegenstand zuordnet, hat sie das Prinzip der Übereinstimmung erfasst.

Auch mit Caitlin ordne ich konkrete Dinge eins zu eins. Wir ordnen jeder Bärenmutter zwei oder drei kleine Bären zu. Wir decken den Tisch mit vier Gegenständen. Mit den Sortierkästchen arbeitet Caitlin auch im Bereich von 2 und 3.

Das Prinzip der Bewahrung

Bleiben vier Knöpfe immer vier Knöpfe? Egal, ob man sie auseinanderlegt, zusammenrückt oder die Knöpfe mit der Hand zudeckt – die Konstanz der Zahl wird den Kindern erst durch eigene Untersuchungen und Erfahrungen bewusst. Erst dann wird sie verinnerlicht.

Also üben wir mit den Zahlenkästchen, erfinden Mathe-Geschichten mit Dinosauriern, Spinnen und Blumen, die wir zählen, auseinander legen, zusammenrücken oder sogar verstecken. Dann raten wir, wie viele Dinosaurier, Spinnen oder Blumen wir haben.

Sind acht Bärenväter genau so viele wie acht Bärenkinder? Alexis und Franck spielen mit den Bärchen. Alexis legt eine Reihe von acht Bärenvätern und darunter eine von acht Bärenkindern. Weil die Bärenväter aber viel größer als die Bärenkinder sind, wird die Reihe der Bärenkinder kürzer. Franck nimmt zwei Bärenväter weg, denn er findet, es sind zu viele. »Jedes Kind braucht einen Papa«, sagt Alexis und legt die Bärenväter wieder hin. Dann zieht sie die Reihe mit den Bärenkindern auseinander und zählt beide Reihen. »Siehst du, sie sind gleich«, sagt sie zu Franck.

Frank beurteilt die Welt ausschließlich nach ihrer äußeren Erscheinung und verfügt noch nicht über Alexis' Fähigkeit logischen Denkens, die die Bären so hingelegt hat, dass Frank

erkennt: Tatsächlich, es liegen gleich viele Bären-väter und -kinder auf dem Tisch.

Das Wiederholen

Anfangs zählen wir von 0 bis 12 in Kinderreimen und Geschichten. Kleine Sequenzen von 0 bis 4 und rückwärts von 4 bis 0 üben wir beim Hüp-fen und Springen, mit Musikinstrumenten, mit einem Pendel oder Metronom. Wir singen die Zahlen wie Noten auf einem Notenblatt.

Auch die Symbole werden ganz einfach einge-führt. Wir schreiben die Nummern 0 bis 4 auf die Treppenstufen und besteigen sie erst ein-zeln, ehe wir zwei auf einmal nehmen. Wir essen zwei Kekse, und eine 2 wird daneben geschrieben. Jedes Kind fängt bei den Zahlen-kästchen mit der 2 an.

In dieser ersten Bauphase des Pfeilers »Zahl« sind viele Zählgelegenheiten mit konkreten Dingen nötig, damit die Kinder den Begriff oder die Idee der Zahl verstehen und sich die Menge

Das Zahlen-Guten-Morgen.

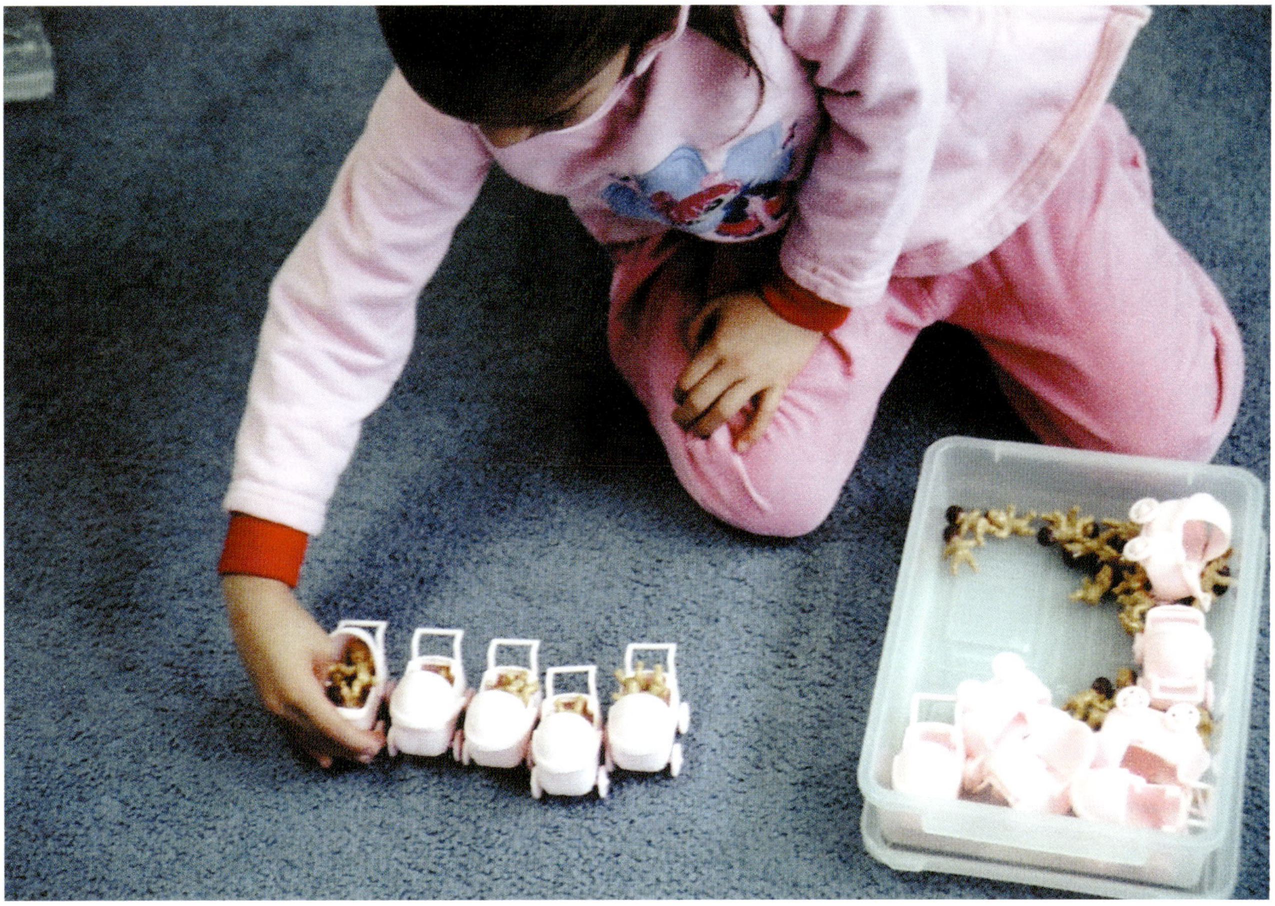

Brianna

3 ∴ ⭐

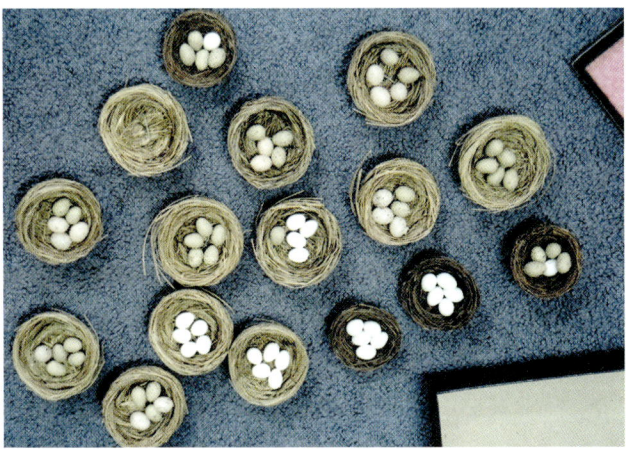

dreier Objekte als Bild vorstellen können. Das können Spiele sein, bei denen die Kinder konkrete Dinge eins zu eins ordnen, zum Beispiel einen Tisch für drei Kinder decken oder drei Mohrrüben für drei Hasen besorgen.

In dieser Phase benutzen wir unsere Sortierkästchen dafür, alle möglichen Schätze zu zählen. Das tun die Kinder gern, weil die Kästchen so schöne und witzige Dinge enthalten.

Für jedes Kind gibt es ein individuelles Lernziel, denn manche Kinder befinden sich noch in der konkret-visuellen Phase, in der sie zählen, was sie sehen. Was nicht zu sehen ist, wird nicht gezählt. Andere Kinder erkennen bereits, dass ein und derselbe Zahlenwert mit verschiedenen Zahlenkombinationen gebildet werden kann – auch wenn diese mit der Hand zugedeckt sind.

Alexis arbeitet mit der Zahl 5. In ihrem Spinnenkasten sind 100 Spinnen und 10 Netze. Alexis füllt jedes Spinnennetz mit 5 Spinnen. Stolz zeigt sie ihre Spinnennetze und bekommt auf ihre Zahlenkarte einen Sticker. Nun holt sie sich das Kästchen mit den Apfelbäumen, die sie mit je fünf Äpfeln schmückt. So geht es weiter... Wenn Alexis beim Handspiel zeigt, dass sie die Menge 5 beherrscht, bekommt sie eine Zahlenkarte mit 6 und kann auf dieser Karte viele weitere Sticker sammeln.

In der zweiten Bauphase arbeiten die Kinder mit den Zahlenkästchen. Ein wichtiger Schritt für die Fünfjährigen, die noch in der zweiten Bauphase stecken: Sie machen lauter Häufchen von der Zahl 6, teilen sie in je zwei Gruppen, aber jedes Häufchen soll eine andere Aufteilung haben. Wenn alle Möglichkeiten der Aufteilung erschöpft sind, »liest« mir ein Kind die verschiedenen Zahlkombinationen vor. Gabi liest: »2 und 4, 3 und 3, 1 und 5, 4 und 2, 5 und 1, 0 und 6, 6 und 0.« Gut gemacht!

Wenn Juri so weit ist, holt sie die Zahlenkästchen – zum Beispiel Anglerkästchen mit Ziffernfächern aus Pappe. In einem Fach stecken lauter 0, in einem andern viele 1, 2, 3 und so weiter. Es gibt auch viele Zahlentüten mit kleinen Kachelkaros. Darauf habe ich mit Permanentfarbe die Ziffern geschrieben. Gabi legt die

Zahlenkarten zu den verschiedenen Kombinationen.

Mariah hat nicht alle möglichen Aufteilungen gefunden: »Denk mal nach, stretch your brain, du kannst bestimmt noch eine Lösung finden.«

Am Übergang in die dritte Bauphase heißt es: Die Zahlenkombinationen werden auch schriftlich zu den konkreten Dingen gelegt.

Schließlich, wenn die Kinder die andere Uferseite erreicht haben, sind ihre Brückenpfeiler so tragfähig, dass nur mit Symbolen gearbeitet werden kann.

Für Zuhause schlage ich den Eltern einfache Brett- und Kartenspiele vor, Würfelspiele und Dominos, denn sie trainieren das Zählen, Ordnen und Problemlösen, aber auch Geschicklichkeit und die Akzeptanz von Regeln.

Das Vergleichen

Vergleichen ist ein wichtiger mathematischer Prozess.

Zuerst vergleichen wir die Mädchen und Jungen. Wir überlegen, wie viele Jungen noch fehlen, damit es gleich viel Jungen und Mädchen sind. Dann holen wir unsere Jacken und Pullis: Wenn wir noch zwei Pullis hätten, wären die Gruppen gleich. Die Turnschuhe vergleichen wir mit den Sandalen, die Fenster im Raum mit den Türen. Nach vielen solcher Versuche, ungleiche Mengen gleich zu machen, verstehen die Kinder die »Gleichheit von Mengen«. Erst danach sprechen wir darüber, welche Gruppe »mehr« oder »weniger« hat. Dabei lernen die Kinder neue Wörter: mehr oder weniger als, größer oder kleiner als...

»Mehr« oder »weniger« ist immer relativ. Das ist für kleine Kinder schwer zu verstehen, denn sie meinen, dass »mehr« besser als »weniger« ist: mehr Kekse. Manchmal kann es aber auch schlechter sein. Zum Beispiel: mehr Windpocken, mehr Gewitterstürme.

Der Zugang zu diesen Formulierungen wird erleichtert, wenn die Kinder ihn über mehrere Stufen »erklettern« können.

69

Es kommt darauf an, dass die Kinder
* … Spaß daran haben, alles Mögliche und so viel wie möglich zu zählen;
* … durch viele Zählerfahrungen wissen, dass es pro zu zählendem Gegenstand nur einen Zählwert gibt;
* … eine Zählreihe um eins fortsetzen, wenn zu einer gegeben Menge ein Teil hinzukommt (Addition);
* … sich vorstellen können, dass sie sich von der zuletzt genannten Zahl zu der davor genannten zurückbewegen müssen, wenn von einer gezählten Menge ein Teil entfernt wird (Subtraktion);
* … fähig sind, zu bestimmen, welche von zwei Mengen die größere oder die kleinere ist;
* … schließlich zwei Mengen zueinander in Beziehung setzen, sie vergleichen und sagen können, dass eine Menge zwei oder drei Dinge mehr oder weniger als die andere hat.

Wenn wir im Morgenkreis die Anwesenheit feststellen, legt jedes Kind seine Stabfigur in die Kreismitte. Es gibt eine Mädchen- und eine Jungenreihe, jeweils kommt zu einem Jungen ein Mädchen oder umgekehrt.

Haben wir zum Beispiel bei 13 anwesenden Kindern acht Mädchen und fünf Jungen, dann ziehe ich mit Kreide einen Strich nach dem letzten Pärchen. Wir vergleichen die Anzahl der Mädchen mit der der Jungen, zählen die Stabfiguren hinter dem Strich und wissen, dass heute drei Mädchen mehr als Jungen da sind.

Spiele und Mini-Mathe zum Aufbau des Konzepts »Zahl«

Diese Spiele und Mini-Mathe eignen sich dazu, dass Kinder die Abfolge ganzer Zahlen beim Abzählen entdecken und begreifen, was sich hinter der Idee, etwas zu zählen, eigentlich verbirgt. Viele Mini-Mathe-Übungen betreffen reines Zählen, das vorwärts und rückwärts geübt werden kann.

Zahlenreime

Durch Zahlenreime und -lieder lernen die Kinder die Namen der Zahlen kennen und merken, dass sie beim Zählen immer in der gleichen Reihenfolge auftauchen. Sie ahnen bereits, dass Zahlen etwas mit der Größe von Mengen zu tun haben: »Zwei Kekse sind besser als einer.« Doch in dieser frühen Phase geht es erst einmal um das reine Aufsagen kürzerer Zahlenreihen ab 1 oder 0.

Die Zahlenreihe

Der Anzahl der Kinder entsprechend wird eine Zahlenreihe mit Kreide auf den Boden geschrieben. Jedes Kind bekommt eine Zahlenkarte und stellt sich entlang der vorgezeichneten Zahlenreihe auf. Am Anfang des Kindergartenjahres teile ich nur die Nummer 1 an den Lineleader aus, danach frage ich eines nach dem anderen nach einer Zahl, die es kennt oder mag, auf diese Zahl stellt es sich dann.

Eine Zahlenreihe an der Wand, auf Augenhöhe der Kinder angebracht, und Zahlenschilder, auf Garn gefädelt und wie Ketten um den Hals gehängt, sind gute Gedächtnisstützen.

Erweiterung: Wir üben die Ordinalzahlen. Wer ist der zweite? Wer ist die dritte?

Die Zahlentreppe

Falls es im Kindergarten eine Treppe gibt, die die Kinder regelmäßig benutzen, können sie die Stufen mit Zahlen beschriften. Der ebene Boden erhält die 0, die unterste Stufe die 1 und so weiter. Vor- und Rückwärtszählen können die Kinder üben, während sie die Treppe hoch- und runtersteigen – je öfter, desto besser.

Dabei sehen die Kinder den Zusammenhang zwischen Zahl und räumlicher Anordnung, sie erleben und spüren ihn mit ihrem Körper. Machen sie große Schritte und nehmen sie zwei Stufen auf einmal, betreten sie die geraden Zahlen 2, 4, 6, 8 oder die ungeraden Zahlen 1, 3, 5 und 7. Von der Stufe mit der 4 auf den Boden mit der 0 zu springen, das ist höher als von der Stufe mit der 3 oder 2.

Erweiterung: Die Kinder können zu jeder Stufe einen Ton singen und die Treppe zum Beispiel mit »Do, re, mi, fa, so...« hoch- und runtersteigen.

Erweiterung um Ordinalzahlen: Aufbauend auf die vorangegangene Variante, können die Kinder beim Auf- und Absteigen die Stufen mit den Ordinalzahlen benennen: erste Stufe, zweite Stufe...

Das Stabmännchen

Ein Stabmännchen, das sich in seinen zylinderförmigen Körper zurückziehen kann, kommt zum Zählen heraus. Es flüstert die 1, es flüstert die 2 und 3, aber plötzlich schreit es: »Vier!« Erst schauen die Kinder zu, dann zählen sie mit, erst flüsternd, und dann aus vollem Halse: »Vier!«

Das Pendel

Befestigen Sie einen Stein oder ein anderes Gewicht an einer Schnur und lassen sie ihn wie ein Pendel schwingen. Die Kinder zählen die Schwingungen im Chor bis zu der Zahl, die sie lernen sollen.

Erweiterung: Ehe Sie das Pendel loslassen, sagen Sie 0, dann zählen Sie mit den Kindern die Schwingungen bis 4. Nun halten Sie das Pendel an, und wenn es wieder schwingt, wird rückwärts bis 0 gezählt.

Hüpfspiel

Die Kinder stehen mit beiden Füßen auf dem Boden. Dann hüpfen sie auf dem linken Bein und zählen laut mit, bis zur gewünschten Zahl. Danach wechseln sie das Bein und zählen bei jedem Hüpfer rückwärts. Bei 0 angekommen, drehen sich alle um 90 Grad und landen auf beiden Füßen. Nun ist wieder das linke Bein dran.

Auch den Kindern gegenüber spreche ich von einer Drehung um 90 Grad und erkläre ihnen, dass das eine Viertel-Drehung ist. Haben die Kinder genug Übung, wagen wir – zu ihrer großen Begeisterung – bei jeder 0 einen Dreh-Sprung von 180 Grad. Ich erkläre ihnen, dass diese Drehung einem Halbkreis entspricht. Mit wachsender Zahlenkenntnis erhöhen wir die Anzahl der Sprünge pro auf- oder absteigender Zahlenreihe.

71

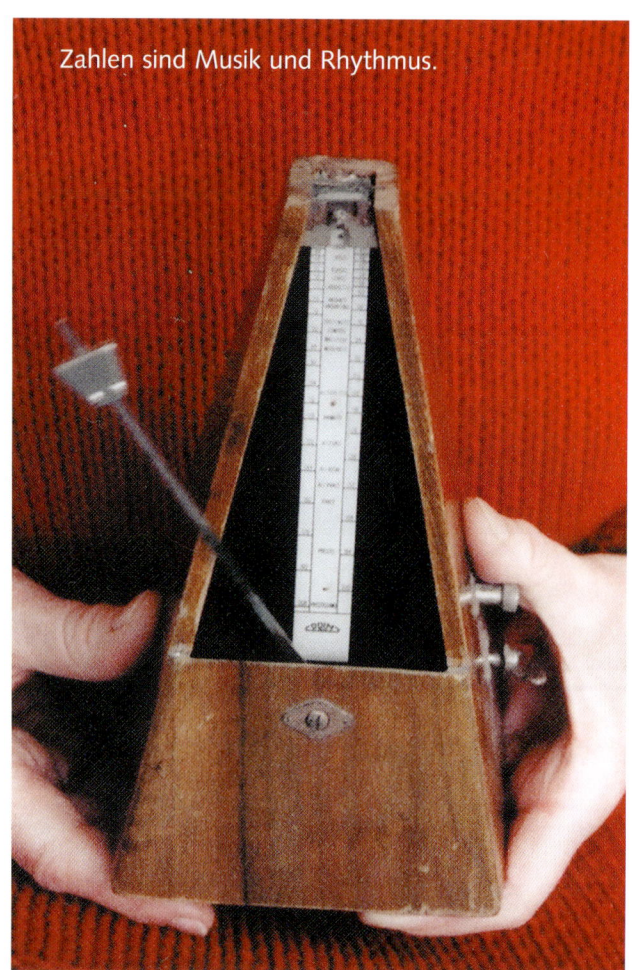

Zahlen sind Musik und Rhythmus.

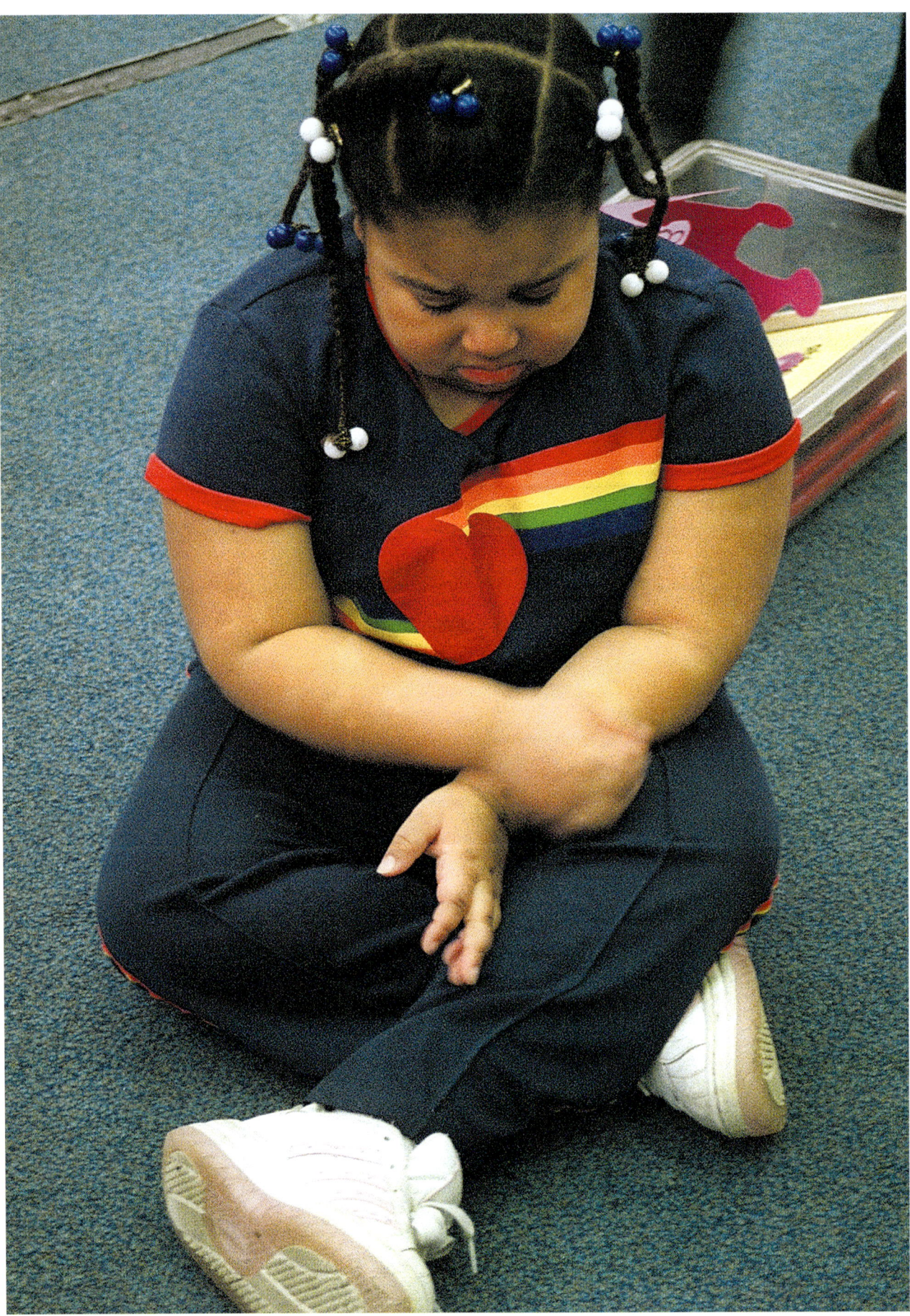

Kalenderspiel

Jeden Morgen zählen wir die durchnummerier-
ten Tage unseres Kalenders und stecken die
Ziffern in die Laschen der einzelnen Kalender-
tage. Im Laufe des Tages zeige ich zwischendurch immer mal auf eine beliebige Zahl des
Kalenders, von der ab wir dann weiter oder
rückwärts zählen. Es macht den Kindern Spaß,
ihre Reaktionsschnelligkeit zu testen, wenn ich,
wie sie es formulieren, sie austricksen will und
mitten im Zählen auf die vorherige Zahl zeige,
so dass die Kinder schnell umdenken müssen,
um im Zählrhythmus zu bleiben.

Mathe-König

Der Mathe-König trägt die Zahlenkrone und
steht in der Mitte des Kreises. Im Uhrzeigersinn
zählt er die Kinder ab. Wenn er am Ende der
Zahlenreihe ankommt, zeigt er auf ein Kind,
das sich daraufhin setzt.

Mit dem nächsten Kind zählt er von vorn weiter: 1, 2, 3, 4, 5 – (setzen), 1, 2, 3, 4, 5 – (setzen)... Das Kind, das als letztes stehen bleibt,
wird zum neuen Zahlenkönig gekürt, bekommt
die Zahlenkrone aufgesetzt, und das Spiel beginnt von vorn.

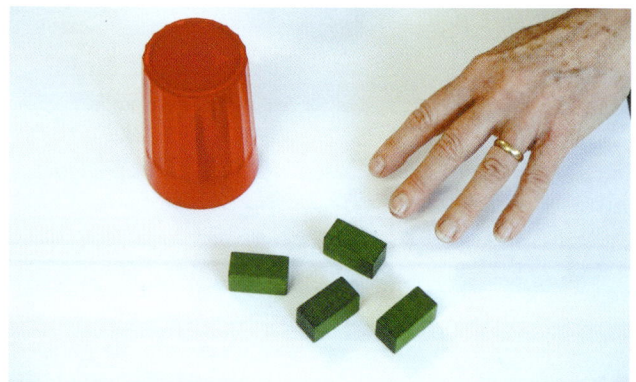

Es ist interessant zu beobachten, wann die
Kinder vorhersagen können, wer der nächste
Mathe-König wird.

Spiele und Mini-Mathe zum Visualisieren von Zahlenmengen

Diese Spiele und Mini-Mathe scheinen manchem
von uns vielleicht zu simpel zu sein, wir neigen
dazu, sie zu übergehen. Sie fördern jedoch die
Visualisierung von Zahlenfiguren, die Voraus-
setzung für den Umgang mit dem abstrakten
Konzept »Zahl«.

Becher-Spiel

Geeignet sind kleine Gegenstände jeder Art,
Nüsse, Knöpfe oder Würfel. Bei »1« wird eine
Nuss in den Becher geworfen, bei »2« die
nächste Nuss. So wird weiter gezählt, bis die
Zahl erreicht ist, mit der gerade gearbeitet wird.
Dann decken Sie den Becher zu und fragen:
»Wie viele Nüsse sind drin? Wir kippen den Be-
cher aus und schauen nach, ob wir recht haben.«

Dieses einfache Spiel dient der mentalen Vorstellung kleiner Mengen und hilft den Kindern
in der ersten Bauphase des Brückenpfeilers
»Zahl«.

Variation: Das Spiel kann variiert werden, indem bei jeder aufsteigenden Zahl auf dem Xylophon ein höherer Ton angeschlagen wird. »Tut noch eine Nuss hinein. Wie viele sind es jetzt?« Noch eine Nuss kommt hinzu. »Wie viele haben wir jetzt?« Streicht der Klöppel des Xylophons über alle Töne, heißt das: Alle Nüsse werden ausgeschüttet. »Wie viele Nüsse haben wir?«

Variation zum Addieren und Subtrahieren: Jedes Kind hat seinen eigenen Becher oder eine Schüssel und einen Stapel Bausteine vor sich. In ihre Becher lassen die Kinder drei Bausteine fallen. »Tut noch einen hinein«, sagen Sie und fragen: »Wie viele sind es jetzt?« Noch ein Stein kommt dazu. »Und wie viele haben wir jetzt?« Nun wird ein Baustein herausgenommen. »Wie viele haben wir jetzt?« Noch einer wird herausgenommen. »Und wie viele sind es jetzt? Schaut nach und zählt, ob das stimmt.«

Kippt den Turm!

Jedes Kind baut einen Turm aus fünf Bausteinen. Alle übrigen Bausteine werden zur Seite geräumt. Sie rufen: »Kippt den Turm um!« und fragen: »Wie viele Bausteine sind es jetzt?« Die meisten Kinder werden die vor ihnen liegenden Bausteine aufs Neue zählen.

Schüsselsteine

Vier Bausteine werden vor den Augen der Kinder unter eine Schüssel gelegt. Einer wird wieder hervorgeholt und oben auf die Schüssel gelegt. Nun wird »gelesen«, wie viele Bausteine auf der Schüssel liegen. Danach wird die Schüssel angehoben, um die Anzahl der Steine darunter »abzulesen«.

Jetzt bekommt jedes Kind eine Schale und vier Bausteine. Die Kinder sollen einen ihrer Steine unter und drei auf die Schüssel legen. Sie gehen zu jedem Kind und lassen sich »vorlesen«, wie viele Steine oben liegen. »DREI.« Nun sagen Sie mit starker Betonung: »UND ...«, heben die Schale dabei hoch und sagen: »EINS.«

Wenn Sie sicher sind, dass das Prinzip des Spiels von allen Kinder verstanden worden ist, können die Kinder dazu übergehen, jede beliebige Menge ihrer zugeteilten Bausteine unter die Schüssel legen. Auch die 0 kann in ihren Kombinationen vorkommen. Gehen Sie wieder von Kind zu Kind und lassen Sie sich die von den Kindern gelegten Kombinationen »vorlesen«.

Glashaus

Legen Sie fest, mit welcher Zahl – zum Beispiel zwischen 3 und 6 – gearbeitet werden soll, und legen Sie die entsprechende Anzahl von Bausteinen auf den Tisch. Ein Kind bedeckt eine beliebige Anzahl davon mit einem transparenten Gefäß. Lassen Sie die Kinder »vorlesen«, welche Anzahl von Bausteinen sich außerhalb des Gefäßes befindet und wie viele unter dem Gefäß liegen. Denken Sie daran, auch mit der 0 zu arbeiten, damit die Kinder merken, dass sie eine Zahl ist.

Variante: Wiederholen Sie die Übung mit einem undurchsichtigen Gefäß. Eine Teilmenge der ausliegenden Steine wird unter das Gefäß gelegt. Die Kinder »lesen« die Anzahl der draußen verbleibenden Steine ab, sprechen ein betontes »UND« und raten, wie viele Bausteine unter dem Gefäß versteckt sind.

Das Handspiel

Von vier Knöpfen legen Sie drei in eine Hand und einen in die andere Hand. Öffnen Sie nun nacheinander die Hände und lassen Sie die Kinder »ablesen«, wie viele Knöpfe zu sehen sind. Nach einem kräftigen »UND« öffnen Sie die zweite Hand und »lesen« auch hier die Menge der Knöpfe ab.

Sie arbeiten mit einer gleich bleibenden Gesamtzahl an Knöpfen oder anderen kleinen Gegenständen, verteilen die Dinge aber in allen möglichen Kombinationen auf beide Hände. Gebrauchen Sie möglichst oft Kombinationen mit der Zahl 0. Später versuchen sich die Kinder im Handspiel. Jedes Kind nimmt sich vier Knöpfe und legt zunächst drei davon in die eine und einen Knopf in die andere Hand. Gehen Sie von Kind zu Kind und lassen Sie sich »vorlesen«, wie viele Teile in den nacheinander geöffneten Händen zu sehen sind. Üben Sie das kräftige »UND« mit jedem Kind. Das Kind macht nun allein weiter und entscheidet selbst, welche Kombinationen es wählt.

Beim Handspiel können Sie feststellen, auf welcher Entwicklungsstufe die Kinder sich befinden, ob sie die Menge einer gegebenen

 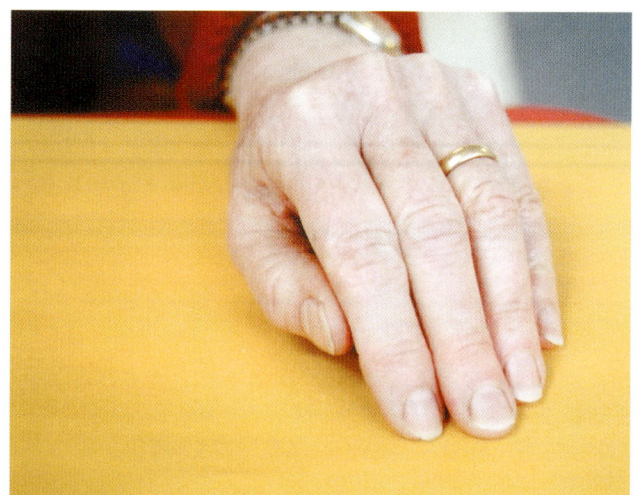

Zahl begriffen haben. Sie merken auch, mit welcher Zahl der Zahlenreihe von 0 bis 10 ein Kind sich noch beschäftigt. Sobald es in der Lage ist, die verschiedenen Kombinationsmöglichkeiten für eine vorgegebene Summe schnell und spontan zu benennen, ist es bereit, die nächsthöhere Zahl zu erforschen.

Die Bärenhöhle

Zunächst wird festgelegt, mit welcher Zahl – zum Beispiel zwischen 3 und 6 – gearbeitet werden soll. Die Kinder holen die entsprechende Menge Bären oder andere kleine Plastiktiere aus dem Korb. Formen Sie mit der Hand eine Höhle und decken Sie die Bären damit ab.

Erzählen Sie eine kleine Geschichte von einem oder mehreren Bären, die damit endet: »... die Bären werden wach und kommen zum Spielen aus der Höhle heraus.« Lassen Sie einen oder zwei Bären unter Ihrer Hand hervorkommen und fragen Sie: »Wie viele Bären stecken noch in der Höhle?« Im Verlaufe der Geschichte kriecht mal ein Bär in die Höhle zurück, mal kommen drei Bären wieder heraus. Zählen Sie laut und deutlich mit.

Memory

Es werden zwei Reihen mit je sechs umgestülpten Bechern oder Schalen aufgebaut. Unter die Becher beider Reihen werden nun null bis fünf Steine gelegt. Damit können die Kinder Memory spielen: Sie heben aus jeder Reihe je einen Becher an. Wer ein passendes Zahlenpaar gefunden hat, bekommt den Becher mit den Steinen und stellt ihn hinter sich.

Auf der zweiten Abstraktionsstufe ersetzen Sie die Steine einer der beiden Becherreihen durch Karten, auf denen die jeweilige Ziffer und die entsprechende Anzahl von Punkten zu sehen sind.

Für die fortgeschrittene Entwicklungsstufe der symbolischen Darstellung mathematischer Figuren benutzen Sie für beide Reihen Karten, auf denen Ziffern und die entsprechende Anzahl von Punkten stehen.

Klingende Glöckchen

Sie stecken ein Glöckchen mit einem Durchmesser von etwa 2,5 Zentimetern in eine Papiertüte und sagen dazu »1«, stecken ein weiteres dazu und sagen »2«, bis die Zahl, mit der die Kinder gerade arbeiten, erreicht ist. Schwenken Sie die Tüte und lassen Sie die Glöckchen klingeln. Die Kinder nennen die Gesamtzahl der eingetüteten Glöckchen. Nun schütten Sie die Tüte auf dem Boden aus und zählen mit den Kinder nach.

Zahlkästchen

Fertigen Sie Zahlkästchen mit Zählfeldern an: Sammeln Sie etwa 70 kleine, reizvolle Gegenstände und zeichnen Sie dazu passende Unterlagen. Für die zweite Bauphase am Brückenpfeiler »Zahl« zeichnen Sie auf ein Blatt Papier zwei Felder, die das Aufteilen einer Menge visualisieren sollen.

Abakus

Für jede Menge kann man einen Abakus bauen. Fangen Sie mit der Menge »3« an. Fädeln Sie drei Kugeln auf einen Schnürsenkel und befestigen Sie die Kugelschnur mit Tesafilm auf einem Stück Pappe. Neben die Schnur schreiben Sie ein Plus-Zeichen. Um die verschiedenen Kombinationen der Menge »3« zu erforschen, können die Kinder die Kugeln hin und her schieben und die entsprechenden Zahlkarten dazu legen.

Zahlen nageln

Handelsübliche Spiele mit geometrischen Formen können in Zahlenspiele verwandelt werden. Erforscht ein Kind die Menge »4«, kann es vier Dreiecke oder Vierecke auf die Unterlage nageln. Gezählt werden die Formen, die sich berühren.

79

Spiele und Mini-Mathe zu »Mehr« und »Weniger«

Für die Spiele brauchen Sie eine Drehscheibe. Ein Pappkreis wird so auf einer größeren Pappe befestigt, dass er drehbar ist. Zur Hälfte wird er mit einer beliebigen Farbe ausgemalt. Auf eine Seite wird ein mit Murmeln gefülltes Glas gezeichnet, auf der anderen Seite ist ein leeres Glas abgebildet. Auf die Papptafel wird, von einer Ecke ausgehend, eine diagonale Linie in Richtung des Kreises gezeichnet, die das Ergebnis anzeigt.

Für die Kinder ist das Ergebnis erkennbarer, wenn die eine Hälfte des Kreises vollständig markiert ist, falls der Pfeil nicht direkt auf das dargestellte symbolische Murmelglas zeigt. Ein Trennstrich durch die Mitte genügt meist nicht.

Anstelle einer Drehscheibe können auch Spielkarten hergestellt werden, auf deren einer Hälfte ein gefülltes Glas mit Murmeln und auf der anderen Hälfte ein fast leeres Murmelglas zu sehen ist.

»Mehr« und »Weniger« kennen lernen

Mit einer Gruppe von zwei bis fünf Kindern bauen Sie mitten auf dem Tisch einen fünfteiligen Turm auf. Reihum ziehen die Kinder Karten vom Stapel. Je nachdem, ob die Karte »Mehr« oder »Weniger« anzeigt, bauen die Kinder Türme mit mehr oder weniger Bausteinen als das Modell in der Tischmitte.

»Mehr« und »Weniger« vergleichen

Je zwei Kinder spielen gegeneinander. Jedes hat fünf oder eine andere festgelegte Menge Bausteine hinter seinem Rücken. Auf ein vereinbartes Signal hin legt jedes Kind eine beliebige Menge der Steine vor sich hin und baut daraus einen Turm. Nun vergleichen die Kinder die Türme. Dazu wird die Drehscheibe gedreht oder eine Karte vom »Mehr«-oder- »Weniger«- Stapel gezogen. Je nachdem, was angezeigt wird, hat das Kind mit mehr oder das Kind mit weniger Turm-Steinen die Runde gewonnen und darf sich die Steine beider Türme nehmen.

Türme würfeln

Jedes Kind hat einen Korb mit Bausteinen vor sich. Es wird reihum gewürfelt. Die gewürfelte Zahl bestimmt, mit welcher Anzahl Bausteinen ein Turm gebaut wird. In den folgenden Runden kann bei jedem Wurf entschieden werden, ob die gewürfelte Anzahl auf- oder abgebaut wird.

Bei diesem Spiel merken Sie, ob die Kinder die Addition und Subtraktion beherrschen. Es ist interessant zu beobachten, welche Kinder ihren Turm der vorigen Runde als Ausgangspunkt nehmen und welche in jeder Runde wieder mit 0 anfangen.

Negative Zahlen können sich junge Kinder noch nicht vorstellen. Darum können sie, wenn sie von einem Vier-Steine-Turm fünf Steine

hinzusehen. Stimmen die Mengen überein? Sind es zu viele Steine oder zu wenige?

Fang mich!

Auf dem Boden wird eine lange Linie gezogen mit mindestens 30 Querstrichen, die Abstände von etwa 20 Zentimetern markieren. Ein Kind stellt sich auf die Mitte der Linie, zwei weitere Kinder stellen sich an beiden Enden auf. Spielen nur zwei Kinder mit, kann das Kind in der Mitte durch ein Stofftier ersetzt werden.

Die Kinder an den Endpunkten der Linie würfeln abwechselnd, am besten mit einem Riesenwürfel aus Schaumstoff. Nach jedem Wurf bewegt sich das mittlere Kind gemäß der Augenzahl in Richtung des Kindes, das gewürfelt hat.

abbauen müssen, einfach »Geht nicht« sagen.

Variante: Zwei Kinder werfen abwechselnd den Würfel. Jedes Kind baut einen Turm entsprechend der gewürfelten Augenzahl. Gewonnen hat, wer als erster alle Türme der Zahlenreihe 1 bis 6 aufgebaut hat. Wer eine Zahl wirft, die schon aufgebaut ist, setzt aus.

Steine angeln

Ein Beutel mit Bausteinen wird herumgereicht. Die Kinder greifen mit einer Hand so viele Steine, wie sie können, und legen sie auf ihre Zählbretter, die aus Deckeln oder Böden von Eierkartons bestehen. Man kann auch Deckel von Schuhkartons in zehn Felder unterteilen und sie mit den Zahlen 1 bis 10 beschriften.

Nun wird verglichen: Wie viele Bausteine konnte jedes Kind mit einer Hand greifen? Warum passen in meine Hand mehr Steine hinein als in deine Hand?

Variante: Es wird reihum gewürfelt, und die Kinder versuchen, die gewürfelte Anzahl von Bausteinen aus dem Beutel zu angeln, ohne

Gewonnen hat das Kind, bei dem das »Mitte-Kind« oder das Stofftier ankommt.

Variante: Man kann zwei Augenwürfel einsetzen, deren Punkte zusammengezählt werden, oder einen Augen- und ein Ziffernwürfel. Mathe-Kings können mit zwei Ziffernwürfeln spielen, deren Zahlenwerte addiert werden.

Spiele und Mini-Mathe zum Zuordnen

Die folgenden wie alle bisher aufgeführten Spiele und Mini-Mathe eignen sich auch zur Förderung mathematischen Denkens auf der zweiten, verbindenden Entwicklungsstufe. Zusätzlich können immer Zahlenkarten eingesetzt werden. Diejenigen Kinder, die bereits Ziffern kennen, schreiben sie selbst auf die vorbereiteten Karten und legen diese Karten neben ihre Zahlenfiguren. Andere Kinder sind noch nicht so weit, dass sie auf der symbolischen Ebene arbeiten können. Das macht nichts. Es gibt keinen Grund zur Eile!

Warum habe ich wohl mehr Drachen?

Dejas Hand ist größer.

Zuordnen von Zahlenmengen

Allerlei Behälter werden mit den Zahlen von 1 bis 10 oder bis 20 beschrieben: kleine Dosen für Knöpfe, kleine Geldbörsen für Pfennige, kleine Körbe für winzige Ostereier oder Seerosenblätter für Frösche... Die Kinder ordnen den Behältnissen die entsprechenden Mengen an Gegenständen zu.

Ordnen nach der Größe

Schneiden Sie Pappzylinder, deren Höhe sich jeweils um 5 Zentimeter unterscheidet und die die Kinder der Größe nach ordnen können.

Ordnen nach dem Volumen

Füllen Sie zehn gleiche Behälter mit farbigem Wasser, dessen Menge jeweils um 2 Zentimeter steigt und die die Kinder nach zu- oder abnehmendem Volumen ordnen können.

Variante: Beschneiden Sie Plastikflaschen so, dass jede 2 Zentimeter länger als ihre Vorgängerin ist, und überziehen Sie die scharfen Ränder mit Klebeband. Die Kinder können die Flaschen mit Bohnen oder Reis füllen und sie dem zu- oder abnehmenden Volumen des Inhalts entsprechend ordnen.

Kartenspiele

Kinder spielen gern »Mau-Mau« oder »UNO«. Auch die Jüngsten können sich schon mit Kartenspielen beschäftigen, wenn Sie die Spiele – je nach Verständnis der Zahlenkonzepte – vorsortieren. Die Vierjährigen in meiner Preschool spielen mit Kartensätzen von 1 (As) bis 7, ältere Kinder spielen mit dem ganzen Satz.

Karten-Wettkampf

Zwei Kinder erhalten je einen Stapel Spielkarten. Jedes Kind deckt eine Karte auf. Nun wird verglichen. Das Kind mit dem höheren Zahlenwert kann sich beide Karten nehmen. Sind beide Karten gleichwertig, legl jedes Kind eine Karte verdeckt auf die eben ausgespielte und darüber eine dritte Karte – offen. Wer nun den höheren Zahlenwert hat, darf sich alle sechs ausgelegten Karten nehmen. Das Spiel ist zu Ende, wenn einem Kind die Karten ausgegangen sind.

Variante für ältere Kinder: Es gelten die gleichen Regeln wie beim Karten-Wettkampf, nur dass die Kinder jeweils zwei Karten aufdecken. Wer auf die höhere Summe kommt, bekommt die ausgespielten Karten. Im Falle eines Patts wird die Anzahl der eingesetzten Karten verdoppelt: Jedes Kind legt nun sechs Karten aus, nämlich die zwei offenen, zwei verdeckte und darüber wieder zwei offene. Wessen Gesamtwert der obenauf liegenden Karten höher ist, der bekommt alle zwölf Karten.

Fischen

Für zwei bis vier Spieler: Jedes Kind erhält sieben Spielkarten, die übrigen Karten kommen als Stapel in die Tischmitte. Ähnlich wie beim Quartettspiel fragt das Kind, das an der Reihe ist, ein Kind seiner Wahl nach einer bestimmten Zahl. Hat das Kind die Zahl auf der Hand, gibt es die Karte ab. Das fragende Kind darf so lange Karten sammeln, bis die gewünschte Zahl nicht verfügbar ist. Dann geht es »fischen«: Es nimmt sich die oberste Karte des Kartenstapels. Gespielt wird im Uhrzeigersinn. Ziel des Spiels ist es, möglichst viele Zahlenfamilien á vier Karten zu sammeln. Wer eine komplette Familie (zum Beispiel vier Fünfen) auf der Hand hält, legt sie beiseite. Wenn ein Kind keine Karten mehr hat, endet das Spiel. Sieger ist das Kind, das die meisten Karten-Familien gesammelt hat.

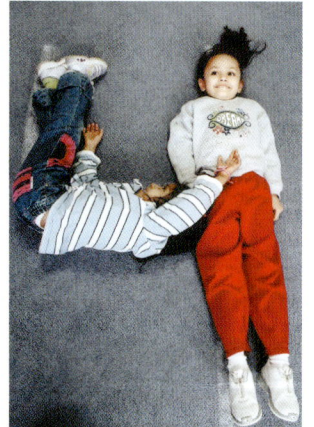  

X ist schöner als 4!

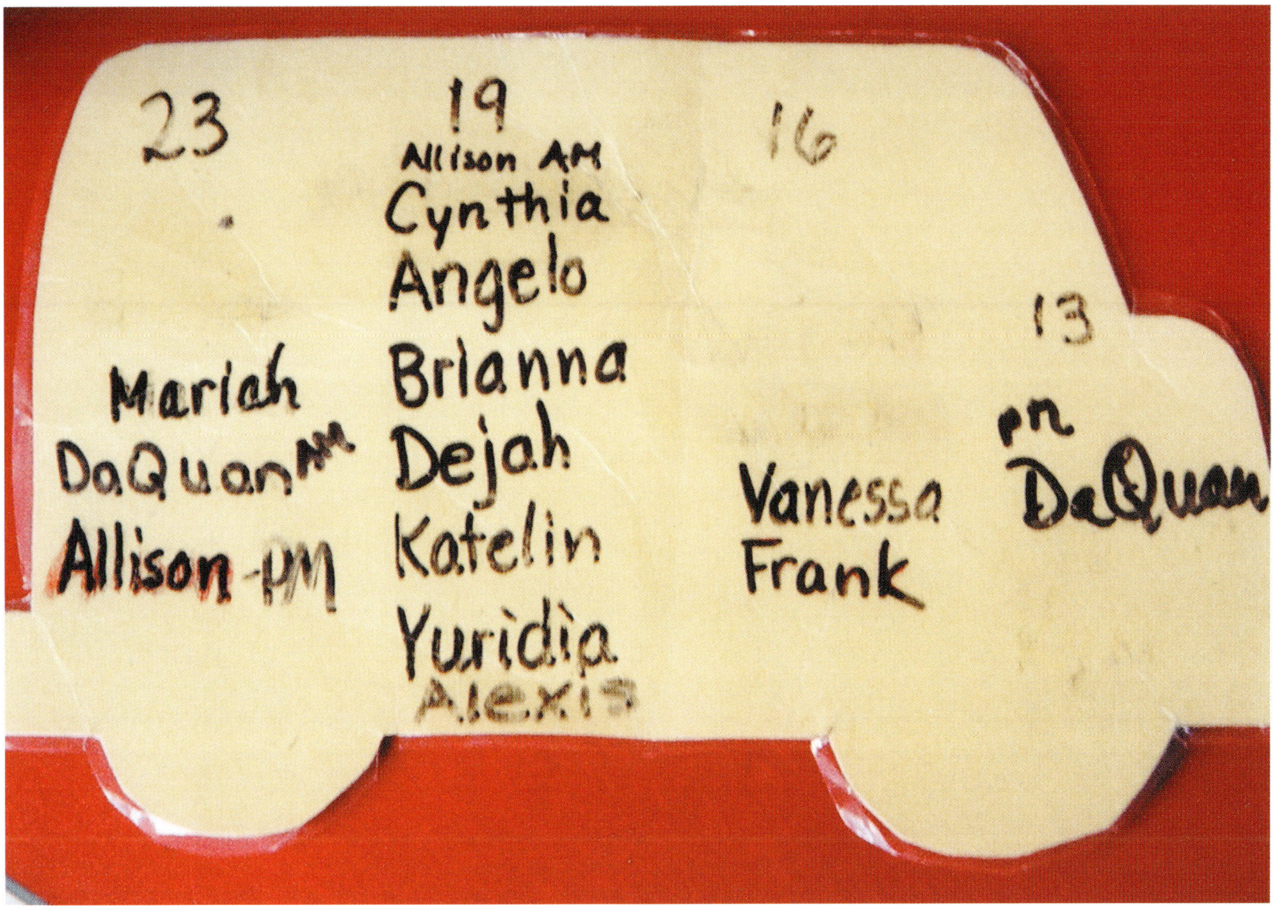

23

19
Allison AM
Cynthia
Angelo
Brianna
Dejah
Katelin
Yuridia
Alexis

16

13

Mariah
DaQuan AM
Allison PM

Vanessa
Frank

pn
DaQuan

Der Pfeiler »Geometrie«

Bewährt hat sich die Methode, der Welt stets mit einer »dummen« Frage zu begegnen. Dies scheint das Gegenteil der Haltung zu sein, alles als Wunder zu betrachten, aber die Methode hat das gleiche Ziel: Warum sind Teller, Tassen, Knöpfe rund? Ginge es auch anders? Warum besteht Karopapier aus kleinen Vierecken? Ginge es auch mit Dreiecken?

Albrecht Beutelspacher

neben, zwischen, hinter oder vor beschreiben diese Beziehung. Kinder verwenden geometrische Ideen, um ihre Welt zu beschreiben. Überall entdecken sie Kreise: in einem Ball, in einer Blume, in den Augen. Um herauszufinden, wo es in unserer Preschool Kreise gibt, laufen wir mit Stift und Papier durch die Räume, suchen nach Kreisen und skizzieren sie. Wir sprechen über Kreise und formen einen Kreis, wenn wir

Was ist Geometrie? Nichts anderes als das Bewusstsein, das wir von uns selbst haben, ins Verhältnis gesetzt zu anderen Menschen, Dingen und zum Raum. Vergleichen wir unsere Körperposition mit der anderer Menschen im Raum, mit der Position einer Tür, eines Kartons oder irgendeines anderen Objekts, dann stellen wir eine Beziehung her. Wörter wie über, unter,

singen. Wir formen Kreise mit unseren Körpern und zeichnen mit Wasser und Pinseln oder mit Fingerfarbe Kreise auf großen Wandtafeln. Wir schauen uns Bilder des katalanischen Malers Joan Miro an, auf denen Kreise das Thema sind. Wir versuchen, mit verbundenen Augen Kreise auf Papier zu malen, denn Raum und Form erfahren heißt Geometrie begreifen.

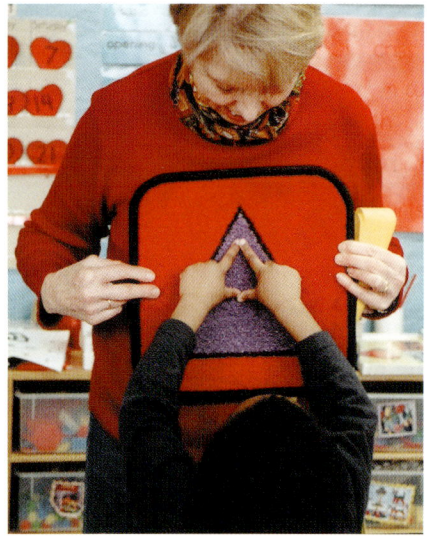 

Frank ist zu groß.

 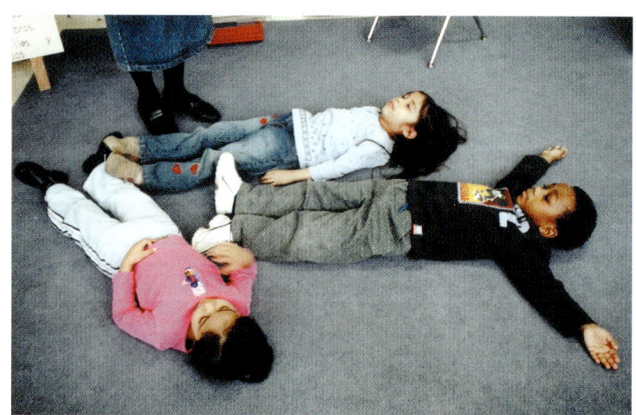

Kinder erfahren geometrische Formen beim Sehen, Bauen, Formen und Zeichnen. Zunächst nehmen sie eine geometrische Form als kompaktes Ganzes wahr: Wenn sie ein Quadrat zeichnen wollen, kann auch ein Kreis dabei herauskommen.

Erst später erkennen sie einzelne Eigenschaften geometrischer Formen: Sie sehen, dass die Seiten eines Rechtecks gerade sind und dass es zwei lange und zwei kurze Seiten hat. Sie sehen, dass ein Dreieck drei Seiten hat. Wird es in verschiedenen Positionen dargestellt, merken die Kinder, dass ein Dreieck auch auf der Spitze stehen kann und nicht unbedingt gleichschenklig sein muss.

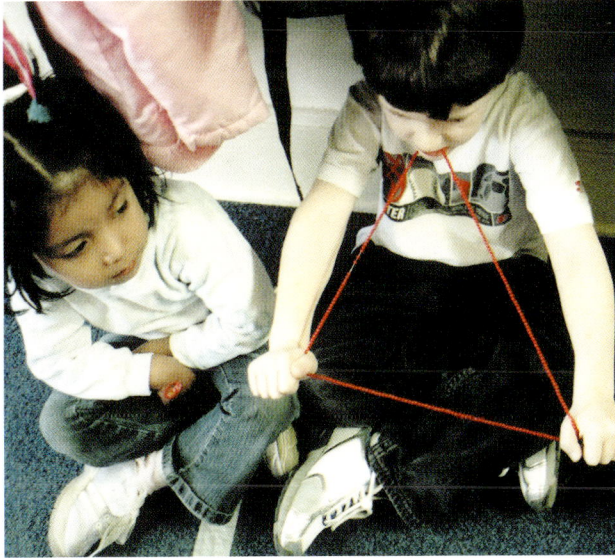

93

Manche Kinder können schlecht begreifen, dass ein Quadrat ein spezielles Rechteck ist. Deshalb habe ich meinen Kindern erst ein Rechteck vorgestellt und danach das Quadrat als ein Rechteck mit vier gleich langen Seiten.

Wir betrachten »Die Schnecke« von Matisse, schneiden aus farbigen Papieren Rechtecke, kleben sie auf den Bogen und haben selbst einen »Matisse« gemacht.

Wir spielen mit geometrischen Formen aus Plastik und bilden Formen mit unseren Körpern: Wir sind ein Rechteck, ein Dreieck, ein Quadrat und ein Kreis. Wir zeichnen große geometrische Formen mit Kreide auf den Boden und zählen, wie viele Kinder in diese Formen hineinpassen. Wir lernen, Winkel und Ecken zu bauen. Wenn wir unsere Körperlage mit der Lage anderer Objekte vergleichen, stellen wir eine Beziehung her – und um nichts anderes geht es in der Geometrie. Wenn wir Brotscheiben in verschiedene geometrische Formen schneiden und sie mit Käse-Kreisen oder -Quadraten belegen, bereiten wir nicht nur das Büfett für den Elternabend vor, sondern betreiben Geometrie.

Wichtig zum Verständnis der Geometrie ist das räumliche Denkvermögen. Dabei handelt es sich um die Fähigkeit, sich im Raum zu orientieren oder die Eigenschaften von Dingen unter räumlichen Aspekten wahrzunehmen und sie innerlich zu visualisieren. Mit Puzzlespielen, Bausteinen oder Dominosteinen lassen sich solche Fähigkeiten trainieren.

Bei den Bauklötzen gibt es von jeder geometrischen Form gleich mehrere. Sie werden immer gut sortiert, so dass die Kinder die Vielfalt und die Gleichheit der Klötze leicht erkennen.

Manchmal gehen wir auf Schatzsuche. Dazu zeichne ich eine Karte von unserem Raum. Skizziert werden die Möbelstücke und Spielecken. Ein Objekt wird versteckt, aber auf der Karte ist eingezeichnet, wo es zu finden ist. Mit der Karte in der Hand sucht ein Kind, das vor der Tür warten musste, während der Schatz versteckt wurde, und findet ihn.

Für unsere kleinen Puppen haben wir den Preschoolraum aus Papier nachgebaut. Neue

Wörter tauchen auf: eckig, rund, spitz...
Alles Geometrie.

Wöchentlich baue ich Konstruktionen aus Bauklötzen – anfangs sehr einfache, später etwas
kompliziertere – und wette mit den Kindern,
wer sie nachbauen kann. Die Versuche der
Kinder fotografiere ich und lege sie in eine
Sammelmappe. Später erhalten die Eltern
Kopien, damit sie erfahren, was für Baumeister
in ihren Familien heranwachsen.

Es kommt darauf an, dass die Kinder

• ... Spaß daran haben, überall Geometrie zu
  entdecken;
• ... beim Bauen oder Puzzlen Wörter wie vor,
  hinter, über, unter, zwischen, innen oder
  außen benutzen, die räumliche Beziehungen
  beschreiben;
• ... einen Gegenstand anhand einer Karte
  finden;
• ... einfache und kompliziertere
  Konstruktionen nachbauen;
• ... geometrische Formen identifizieren,
  beschreiben und darstellen.

sie einen Baustein auf den ersten. Die Türme werden bis zur gewünschten Zahl weitergebaut. »Aus wie vielen Bausteinen besteht dein Turm?« fragen Sie ein Kind. »Und deiner? Vergleiche deinen Turm mit dem deines Nachbarn.« Nun nehmen Sie einen Baustein weg und fragen: »Wie viele sind es jetzt?«

Zu den Tönen des Tamburins werden die Bausteine der Türme zum Schluss nach und nach abgetragen, bis die Kinder wieder bei 0 angelangt sind.

Spiele und Mini-Mathe zu räumlichem Denken und Geometrie

Stühle zählen

Die Kinder stellen sich im Kreis auf. Vier Stühle werden Rücken an Rücken in die Kreismitte gestellt. Wie viele Kinder brauchen wir, um alle Stühle zu besetzen?

Zu Musik laufen wir um die Stühle herum. Wenn die Musik stoppt, versuchen die Kinder, einen der vier Stühle zu ergattern.

Schilder mit den Zahlen 1 bis 4 können an den Stühlen befestigt werden.

Variante: Nach jedem Durchlauf werden die Ziffern an den Stühlen neu verteilt, um zu zeigen, dass die Zahl keine Eigenschaft des Stuhls ist, sondern von der Zählreihenfolge abhängt. Egal, mit welchem Stuhl wir zu zählen beginnen – insgesamt sind es immer vier Stühle.

Turmbau

Vor jedem Kind liegt ein Haufen Bausteine. Erklingt das Tamburin, legen die Kinder einen Baustein vor sich hin. Erklingt es wieder, setzen

Turmvergleich

Sie bauen einen Turm vor sich auf. Die Kinder schauen den Turm genau an und bauen ihn nach. Dann schieben sie – vorsichtig, vorsichtig – ihre Türme in eine Reihe und vergleichen: Welcher Turm ist höher? Sind die Türme gleich hoch?

Treppen bauen

Aus gleich großen Bausteinen wird eine Treppe gebaut: ein Baustein für die erste Stufe, zwei Bausteine für die zweite Stufe, drei für die dritte... Die Treppe entsteht, indem Türme aus einem, zwei, drei, vier und fünf Bausteinen in aufsteigender Reihenfolge aneinandergelegt werden. Dazu können die Kinder Nummernkärtchen legen.

Die Stadt

Aus Kartons in verschiedenen Größen und Formen bauen wir eine Stadt.

Puzzlekartons

Kleine Kartons und Zylinder werden vorsichtig auseinandergeschnitten, so dass sie flach in einem Stück auf dem Tisch liegen. Nun versuchen die Kinder, sie wieder zusammenzusetzen.

Variation: Von zwei gleichen Kartons wird einer auseinandergeschnitten. Dies wird mit verschieden großen Kartons wiederholt, bis eine Serie von Karton-Paaren zusammengekommen ist. Nun versuchen die Kinder, jedem Karton seinen auseinandergeschnittenen Partner zuzuordnen. Hat das ein paar Mal geklappt, kleben die Kinder die auseinandergeschnittenen Kartons zusammen, und alles kann von Neuem losgehen.

Bauwerke kopieren

Errichten Sie ein einfaches Bauwerk aus Bauklötzen und bitten Sie die Kinder, es genau
nachzubauen. Fällt ihnen das leicht, errichten
Sie immer kompliziertere Bauwerke, die die
Kinder kopieren.

Das Geometrie-Büfett

Die Kinder schneiden Brotscheiben in verschiedene geometrische Formen und belegen sie.

Formenjagd

Nehmen Sie auf einen Spaziergang mit den
Kindern Klemmbrett und Stift mit und suchen
Sie nach geometrischen Formen. Jeder Fund
wird dokumentiert.

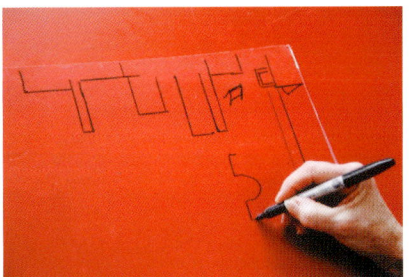

Der Pfeiler »Wiegen, Messen und Vergleichen«

Unsere Zeit ist in Tage eingeteilt. Immer wieder wird es Abend und Morgen; eine endlose Reihe, die immer weiter geht...Ganz typisch für die Zeitmessung und das Zählen ist: Man geht von gleichförmigen Einheiten (zum Beispiel Tagen) aus und nimmt diese als Zähleinheiten. Darin steckt zum einen die Vorstellung, dass die Zeit unendlich ist (»die Reihe der Tage hat kein Ende«), andererseits die Vorstellung von zyklisch ablaufenden Vorgängen, der Wiederkehr des ewig Gleichen (»alle Tage sind gleich«).

Albrecht Beutelspacher

oder mit Stapeln von Kieselsteinkästchen (siehe S. 122, Gewichte herstellen). Wir vergleichen unsere Fußlängen. Wir messen, wie lang die Tische, Pulte und Fensterbänke sind. Das ist alles nicht leicht, aber wir schaffen es und fühlen uns wie Handwerker mit Helmen auf den Köpfen und Werkzeugkästen in den Händen.

Verschiedene Behälter werden mit Sand gefüllt und verglichen: Welcher Behälter fasst mehr? Um die Lust am Vergleichen wach zu halten, wird das Material am Sandtisch regelmäßig

Zum Messen, Wiegen und Vergleichen gibt es viele Möglichkeiten in unserem Preschoolraum: die Länge der Tische, das Volumen von Wasser, Sand, Bohnen, Kies oder Erde, die Gewichte verschiedenster Gegenstände, Zeit und Geld.

Wir vergleichen den Umfang unserer Köpfe mit dem eines Kürbisses, wir vergleichen unser Körpergewicht mit dem der Riesenwassermelone

ausgetauscht gegen getrocknete Bohnen, gefärbten Reis, Matschepampe oder ungedüngte Blumenerde. Schippen und Schaufeln werden ersetzt durch Schöpfkellen oder Tassen. Aus abgeschnittenen Plastikflaschen machen wir Trichter und freuen uns, wenn die Eltern neue Behälter mitbringen.

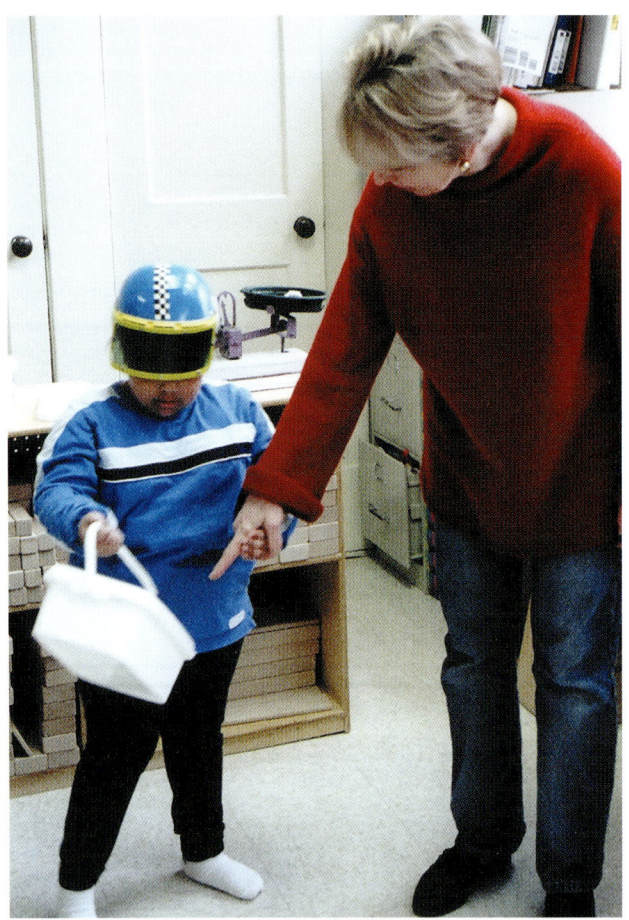

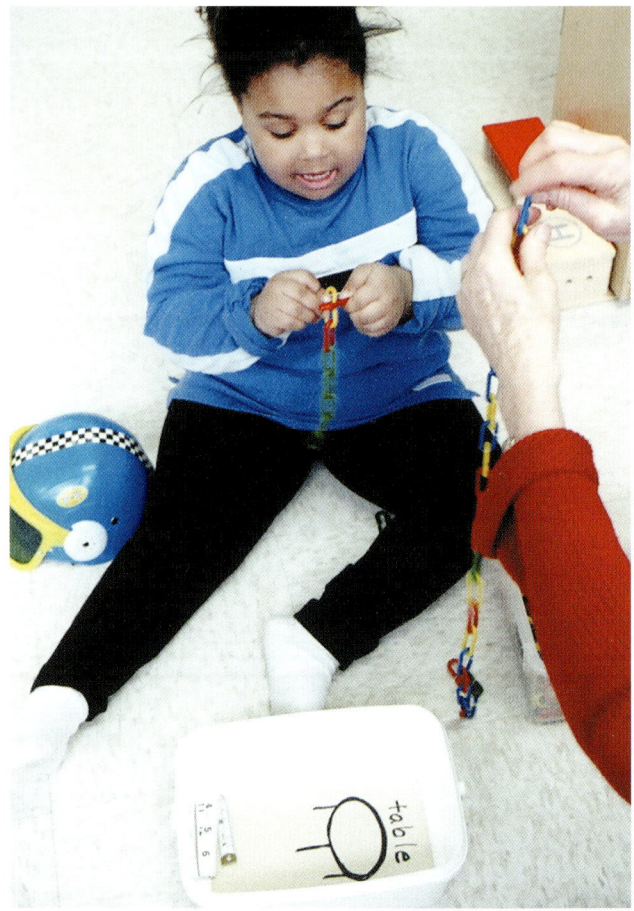

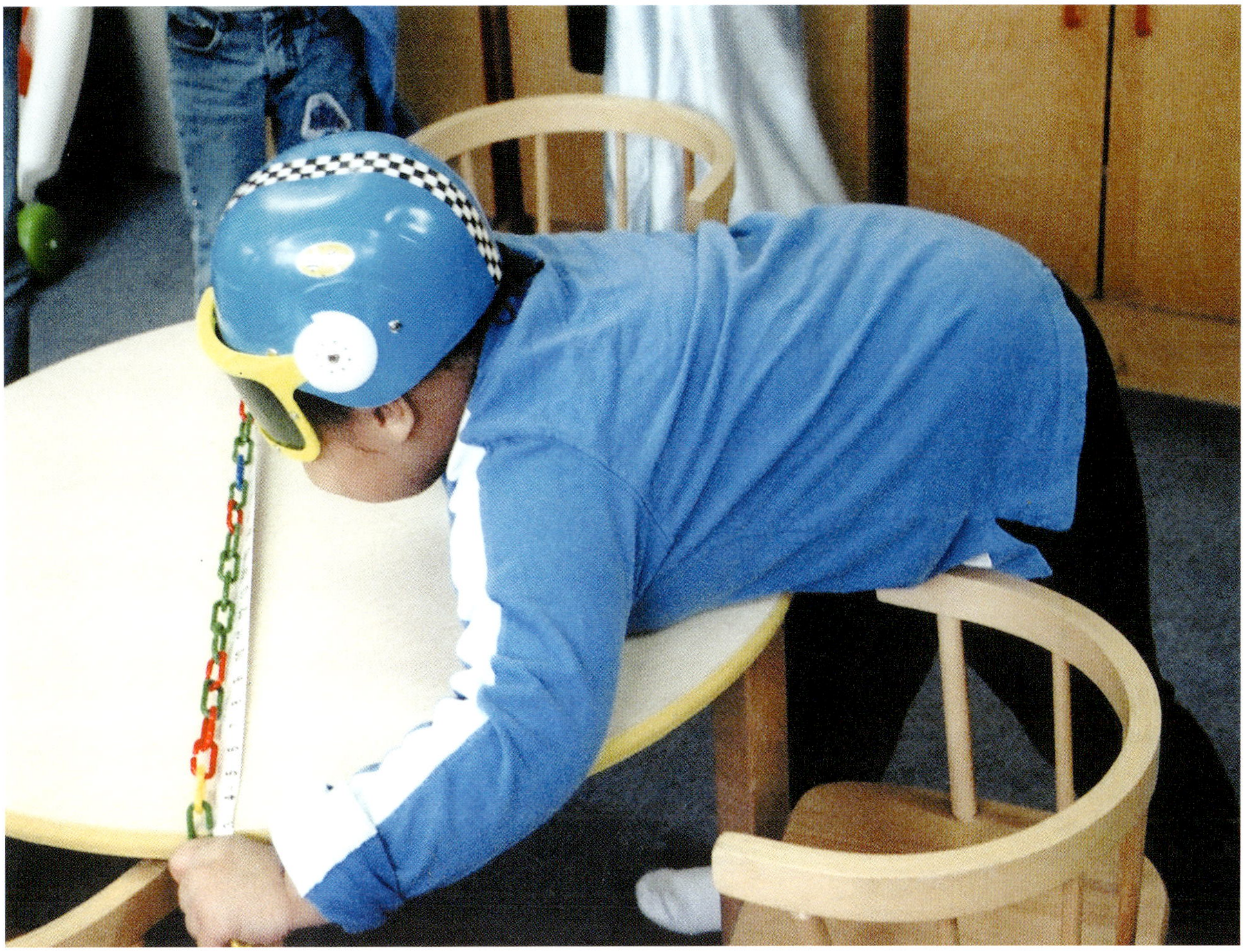

Handwerker müssen messen.

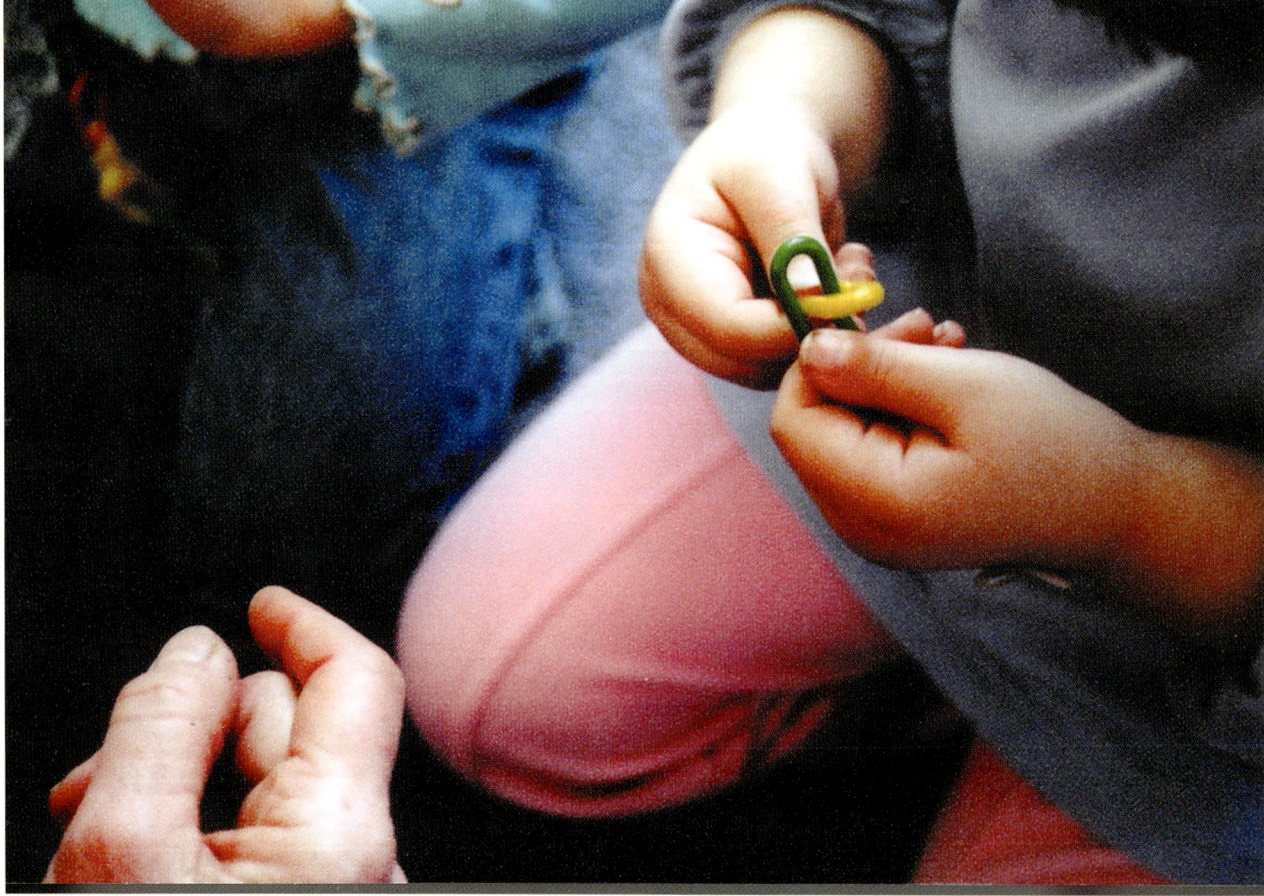

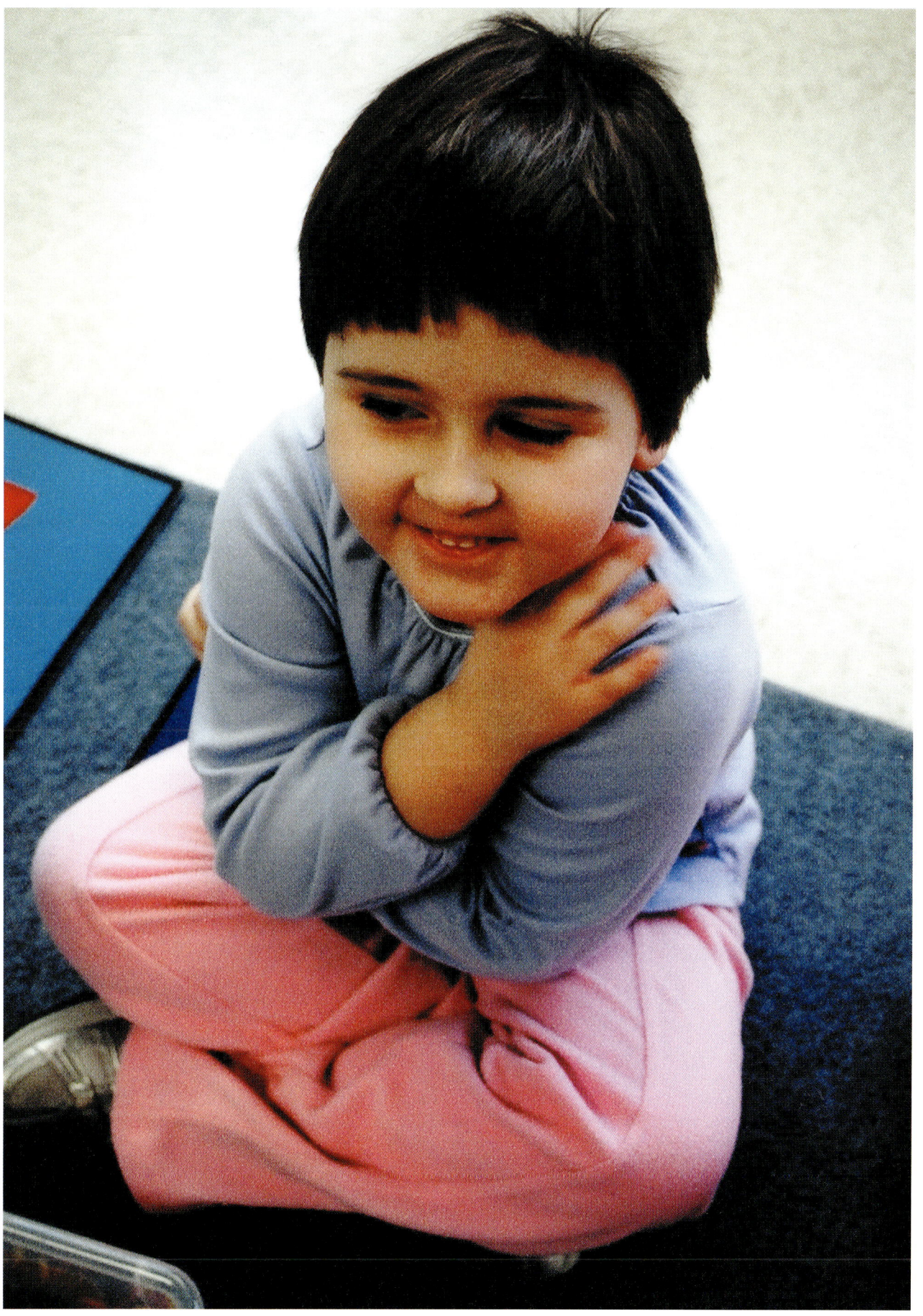

Brianna hat viel Geduld!

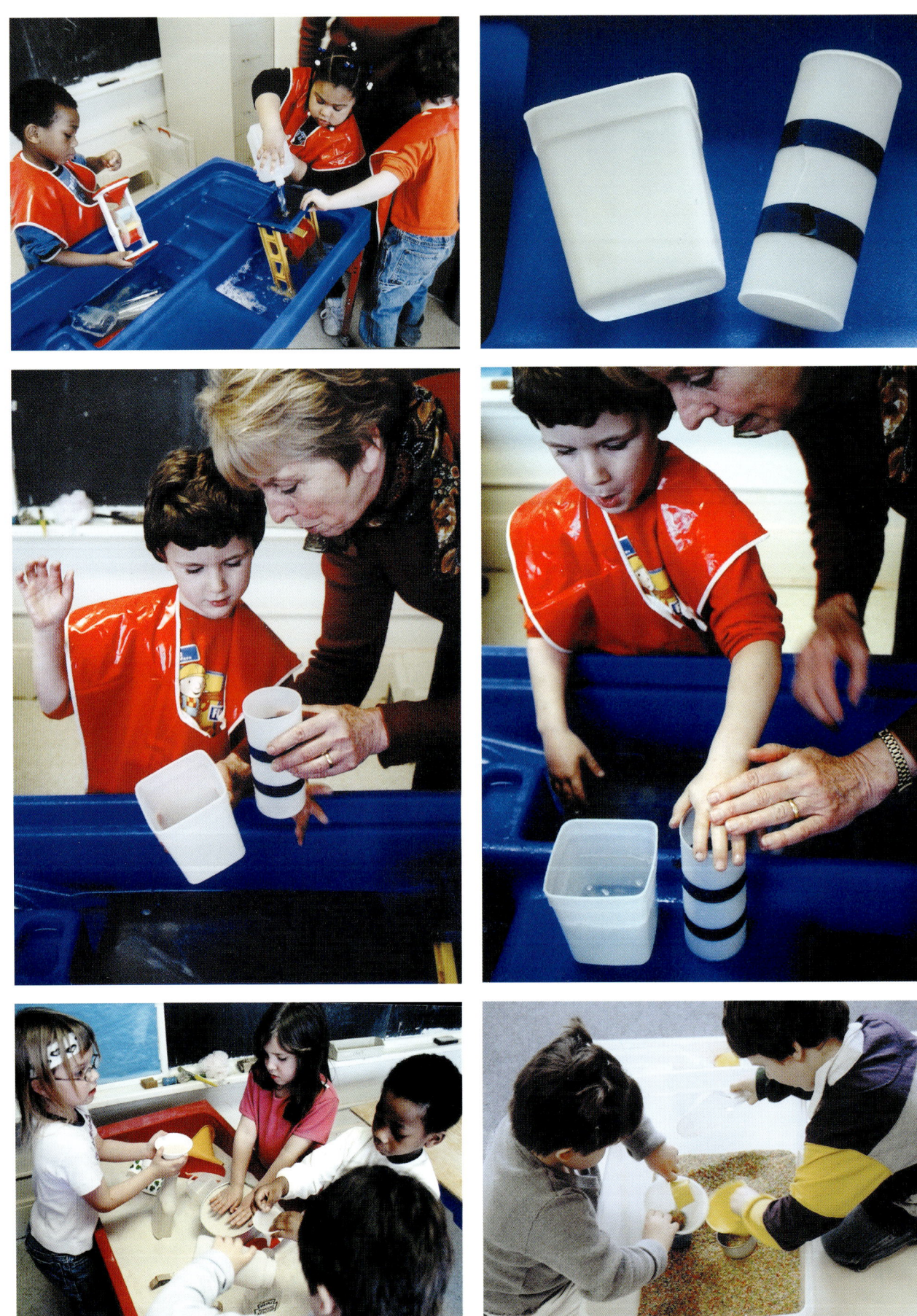

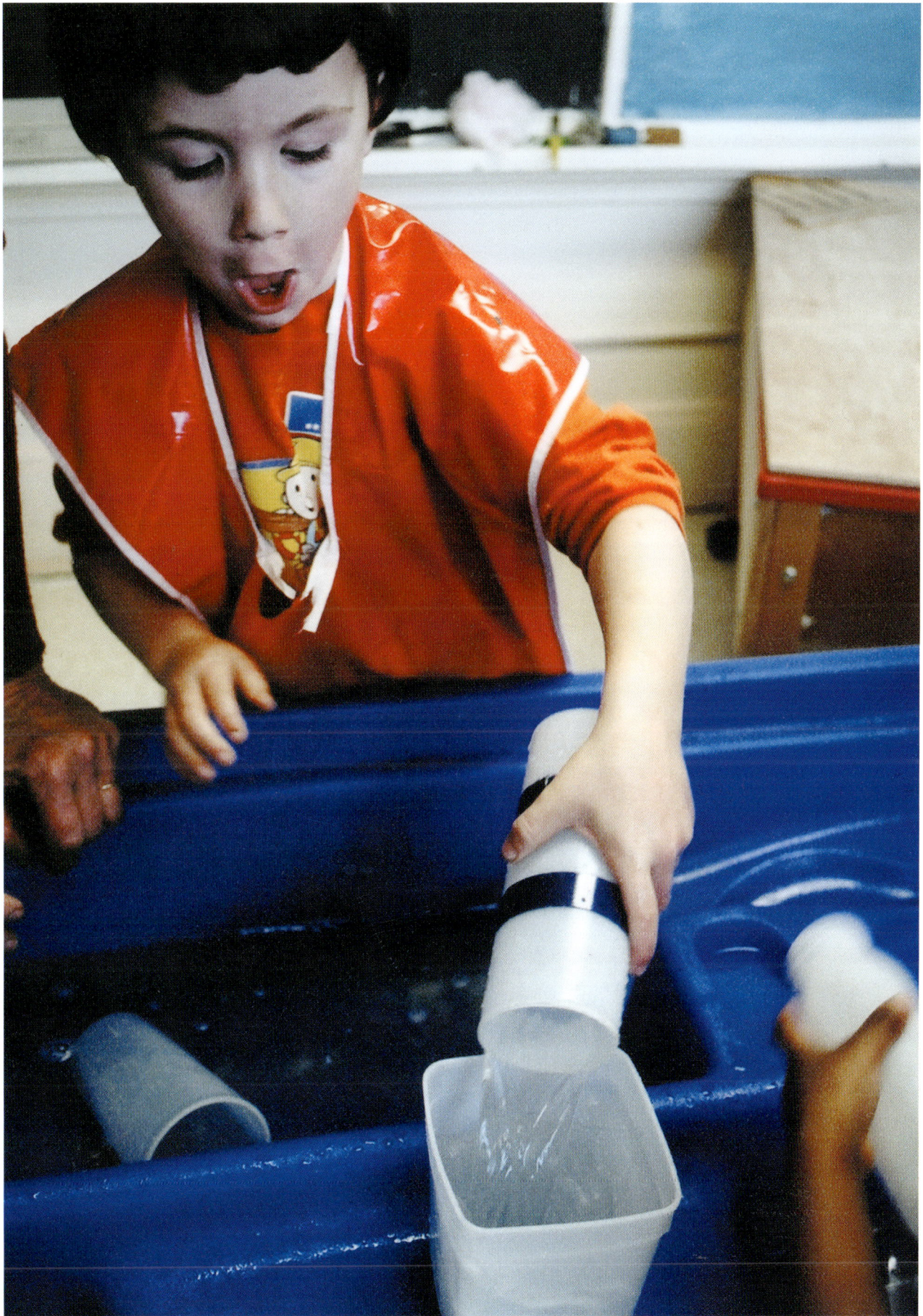

Wir besuchen einen Bauernhof, um Kürbisse zu holen. Sie werden verglichen, gewogen, gemessen und nach ihrer Größe geordnet – 20 Stück in einer Reihe, vom kleinsten bis zum größten. Ein mittelgroßer Kürbis wird gewogen. Dann schätzen wir, ob die anderen Kürbisse mehr oder weniger wiegen. Kürbisse mit dem gleichen Gewicht legen wir mitten auf den Tisch, die leichteren kommen auf die linke Seite, die schwe-reren auf die rechte.

Zum Gießen und Messen von Flüssigkeiten haben die Kinder am Wasserspieltisch und beim Kochen Gelegenheit. Große, kleine, breite und schmale Messbecher stehen bereit. Die Kinder sind fasziniert, wenn sie sehen, dass der Inhalt eines hohen, schmalen Bechers in einen breiten, flachen hineinpasst. Nach und nach entwickelt sich ihr Verständnis für die Bedeutung des Begriffs »Volumen«.

In unserem Supermarktspiel wiegen die Kinder zum Beispiel Paprikaschoten mit Bauklötzen als Maßgewichte. Oder sie vergleichen das Gewicht von Plastiktomaten mit dem von Büchsenkonserven.

Wie die Zeit vergeht

Jungen Kindern fällt es schwer, Zeit zu begreifen. Der aushängende Tagesplan und die Kalender helfen ihnen zu erfahren, dass Zeit vergeht.

Was ein Monat ist, lernen die Kinder an der Monatstafel mit ihren 31 Stecktaschen. Jeden Tag zählen sie die bereits vergangenen Tage des Monats und stecken für den neuen Tag ein Symbol in die Stecktasche. Im September sind Äpfel das Symbol, im Dezember sind es kleine Tannenbäume. Ein beweglicher Papprahmen, der die sieben Tage der Woche zusammenfasst, rahmt die neue Woche bei Wochenbeginn ein.

Um Zeit zu begreifen, müssen die Kinder eine Vorstellung davon haben, was Vergangenheit, Gegenwart und Zukunft ist. Deshalb gibt es bei uns eine Zeitskala vom September bis zum August des folgenden Jahres, auf der alle schönen Ereignisse, Ausflüge und Feste mit Fotos auftauchen, so dass die Kinder sich erinnern: »Wie schön war unser Kükenfest im März...« Längst ist der März vorbei – er ist Vergangenheit.

Damals konnten wir am Kükenkalender mit 21 Papiereiern die Entwicklung unserer Küken verfolgen: vom befruchteten Pünktchen zum fertigen Küken. Ein Glück, dass am 21. Tag, als wir unser letztes Papierei in den Kalender steckten, die Küken tatsächlich schlüpften!

Sekunden, Minuten, Stunden, Tage, Wochen, Monate, Jahre – es ist nicht leicht, diese Vielzahl von Zeitbegriffen zu sortieren und ihre Abstufungen zu begreifen. Der Tagesplan, die Kalender und alle möglichen Uhren helfen den Kindern dabei, aber auch die Tortensymbole für die Kindergeburtstage.

Nach und nach lernen es die Kinder, ihre eigene Zeit einzuteilen, zum Beispiel, wenn es um die Benutzung des Computers geht. Dazu dienen selbst gebastelte Sanduhren genau so wie eine digitale Küchenuhr, die ein Kind an der Schnur um den Hals trägt, weil es nicht verpassen will, zur rechten Zeit am Computer zu sein. Eine Pappuhr neben der richtigen Uhr zeigt an, wann aufgeräumt werden muss und wann es Mittagessen gibt. Kürzlich habe ich sogar eine Uhr gefunden, auf der eine immer kleiner werdende Deckscheibe zeigt, wie 60 Minuten vergehen.

Neue Wörter, die die Kinder lernen, wenn sie sich mit Messen, Wiegen und Vergleichen beschäftigen: Gramm, Kilo, leichter als, schwerer als, gleich schwer, Millimeter, Zentimeter, länger als, höher als, kürzer als, Tag, Minute, Sekunde, morgen, gestern, übermorgen, Woche, Monat, Jahr, später als, früher als, nach dem Mittagessen, vor dem Frühstück. Mit dem Messen und den dazu gehörenden Begriffen können die Kindern Beziehungen erkennen und beschreiben.

Es kommt darauf an, dass die Kinder
- ... Spaß am Messen, Wiegen und Vergleichen haben;
- ... zwei Gegenstände nach einer der folgenden Eigenschaften vergleichen: Länge, Höhe, Gewicht, Volumen;
- ... zwei Ereignisse zueinander in Beziehung setzen und dabei folgende Wörter benutzen: später als, früher als, länger als, gestern, morgen, nach dem Mittagessen;
- ... Vorstellungen darüber entwickeln, wie Zeit vergeht, und das mit Wörtern wie Sekunde, Minute, Stunde, Tag, Woche, Monat und Jahr beschreiben.

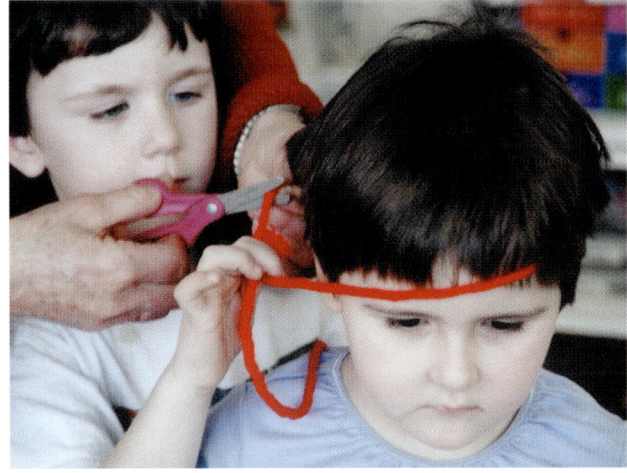

Stimmt! Die ist so groß wie mein Kopf!

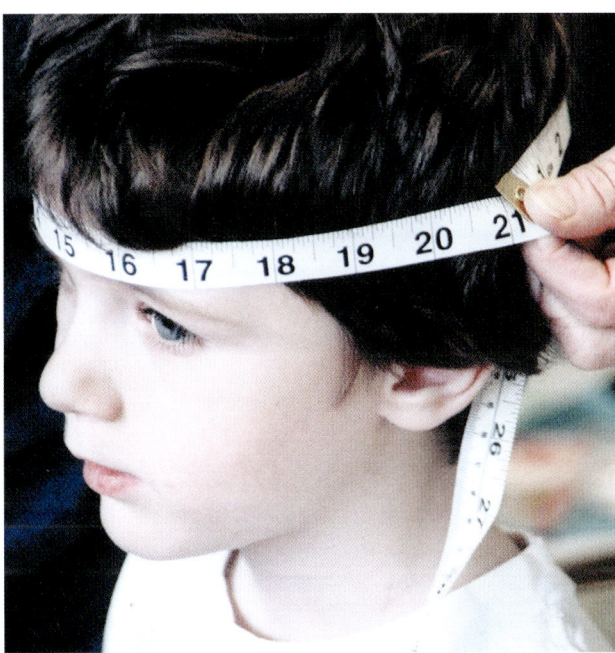

Oval

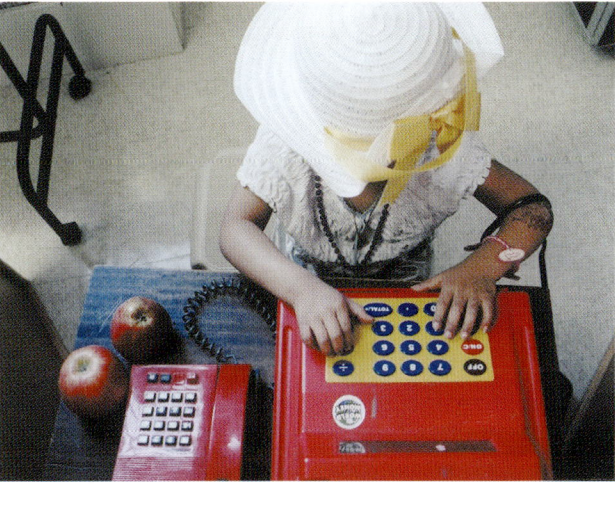

Mess-Füße

Malen Sie den Umriss eines Ihrer Füße und den eines Kinderfußes auf Schaumstoff oder Plastik und schneiden Sie die Umrisse aus. Wie viele große Füße oder wie viele kleine Füße brauchen wir für die Tischlänge?

Variante für die zweite Bauphase: Die Kinder zeichnen Gegenstände, die sie gemessen haben, und schreiben die Anzahl der großen und kleinen Füße daneben.

Mess-Fäden

Die Länge von fünf im Raum ausgewählten Gegenständen wird mit Tesakrepp markiert, und ein farbiger Punkt aufgemalt. Nun brauchen Sie noch fünf Schnüre in der Länge der Tesakrepp-Markierungen, auf denen die entsprechenden Farbpünktchen kleben. Nach diesen Vorbereitungen können die Kinder sich mit den Schnüren in der Hand auf die Suche nach den markierten Gegenständen machen. Tauschen Sie die zu messenden Gegenstände häufig aus, damit das Spiel nicht langweilig wird.

Mini-Mathe zum Wiegen, Messen und Vergleichen

Mess-Werkzeuge

Wie viele Heftklammern brauchen wir, um deine Länge oder den Umfang deines Kopfs zu messen? Wie viele Lutscher-Stiele brauchen wir, um deine Länge zu messen?

Was meinst du, brauchen wir mehr Heftklammern oder mehr Lutscher-Stiele, um deine Länge zu messen?

Einkäufe wiegen

In einem Einkaufskorb liegen Büchsen und Kartons, versehen mit Preisetiketten. Das sind Kärtchen mit verschieden großen Kreisen, in denen Zahlen stehen: im kleinsten Kreis steht die 1, im größten die 10 oder 20, je nachdem, wie viele Gegenstände im Korb sind.

Die Kinder wiegen die Büchsen und Kartons, reihen sie vom leichtesten bis zum schwersten Teil auf und legen die Preisetiketten dazu.

121

Gewichte herstellen

Sie brauchen möglichst viele einheitlich große Kästchen, die Sie mit je 500 Gramm Kieselsteinen füllen. Dabei können die Kinder helfen und die Kiesel abwiegen. Sind die Kästchen gefüllt, werden sie fest zugebunden.

Frage: Wie viele Kästchen (zu je ein Pfund) wiegen die Gegenstände im Einkaufskorb?

Variante: Sie können auch kleinere Kästchen mit 100 Gramm Sand füllen. Wichtig ist, dass die Kästchen einheitlich sind und das Gewicht, das die Kinder gemessen haben, repräsentieren. Wenn Sie die 100-Gramm-Kästchen und die 500-Gramm-Kästchen zusammen benutzen, dann achten Sie darauf, dass sie sich in der Größe wie 1:5 verhalten.

Wer oder was wiegt mehr?

Sie brauchen eine Springfeder-Waage, unter der ein Behälter befestigt werden kann.

In einem Korb liegen ein Behälter und drei verschiedene Beutel mit Wiegematerial – zum Beispiel Metallschrauben, Schlüssel oder Zahnstocher – , das in den Behälter gefüllt wird, bis er voll ist. Was wiegt mehr?

Variante: In einem Korb liegen verschieden große Behälter, ein Beutel mit Reis, ein Trichter und eine Schaufel. Die Kinder füllen die Behälter mit Reis und wiegen sie.

Variante mit Personenwaage: Wie viel wiege ich, wenn ich einen Stuhl mit wiege? Oder eine Wassermelone? Wenn zwei Kinder auf der Waage stehen? Was zeigt die Waage, wenn wir zehn 500-Gramm-Kästchen darauf stapeln? Wie viele Kästchen wiege ich?

Zeit messen

Füllen Sie eine Plastikflasche mit etwas Sand, entfernen Sie die Folie aus dem Deckel und stechen Sie ein kleines Loch in den Deckel. Verschließen Sie die Flasche mit dem durchstochenen Deckel und kleben Sie mit festem Klebeband eine zweite Flasche ohne Deckel obenauf. Schon haben Sie ein Sanduhr.

Messen Sie mit den Kindern die Zeit, die der Sand braucht, um von einer Flasche in die andere zu rieseln. Stellen Sie Sanduhren mit den Kindern her, die die Kinder benutzen, um sich die Zeit einzuteilen.

Hängen Sie eine Digitaluhr neben eine traditionelle Uhr und daneben eine verstellbare Pappuhr, auf der Sie den Kindern anzeigen, wann Essenszeit ist oder aufgeräumt werden soll.

Der Jahreskalender

Auf einer langen Linie sind die Monaten aufgezeichnet, jeweils mit einem Foto von einem Baum versehen, das in diesem Monat aufgenommen wurde. Fotos von Ereignissen wie Geburtstage oder Feste werden um das Monatsfoto herum befestigt.

Geburtstage

Zeichnen Sie mit den Kindern zwölf Geburtstagstorten und versehen Sie sie mit den zwölf Monatsnamen. Auf jede Torte werden Kerzen mit den Namen der Kinder und deren Geburtstagsdaten geklebt. Personen, die die Kinder gern mögen, können ebenfalls auf diese Weise bedacht werden.

Supermarkt

Wir richten einen Cent-Laden ein – mit echten Centstücken.

Obst und Gemüse sortieren, vergleichen, messen

Im Spielhaus wird das Material erkundet: Die Kinder fassen Obst und Gemüse an, fühlen, riechen, verkaufen es, hören und lernen neue Wörter. Dazu brauchen sie viel Zeit, manche sogar sehr viel. Die Kinder entdecken Farben, Größen, Muster, Namen; sortieren, vergleichen, klassifizieren. Es gibt unzählige Möglichkeiten!

Beim Tischdecken, im Kaufmannsladen nach Merkmalen sortieren:

Farbe, Oberfläche, Form, Größe vergleichen und Wörter dafür finden. Eine Paprika kann glatt sein, aber auch rot, grün oder gelb, sie kann zwei verschiedene Merkmale haben – oder vielleicht noch mehr? Wie wäre es mit glatt, rot, und klein? Viele Kinder entdecken schwer mehrere Merkmale. Wir ordnen der Farbe der Kleidung der Kinder entsprechend Früchte und Gemüse zu oder überlegen ähnliche Verbindungen. Die Erfindungslust der Kinder ist riesig! Dabei lernen sie, dass die Merkmale von den Dingen abstrahiert werden können.

Erdbeere, Birne und Gurke haben ihre Kerne an unterschiedlichen Stellen. Hat die Kartoffel Kerne? Der Salat?

Zählen und vergleichen:

Erbsenschoten öffnen und vergleichen: Wer hat die wenigsten, wer die meisten, wer die größten, wer die kleinsten? Schote und Erbsen nebeneinander malen, die Erbsen probieren. Wie schmecken sie? Süß? Salzig? Mag ich! Mag ich nicht? Wie viel Kinder mögen Erbsen nicht? Wie viel mögen sie sehr? Wie viel ein bisschen?

Bis 5 zählen und Muster erkennen:

Einen Apfel horizontal halbieren. Ein Sternenmuster! Die Zacken des Sterns und die Kerne des Apfels zählen: Fünf! Ein Bild daraus machen, mit den Apfelhälften stempeln.

Einfache Muster bilden und benennen:

Muster aus Bohnen, Karotten, Äpfeln o.ä. legen und sie mit Buchstaben benennen: ABA AAB, ABB und entsprechend beschriebene Kärtchen dazulegen.

Eine essbare Halskette aus Karottenscheiben herstellen:

Die Kinder schneiden je 12 Scheiben und fädeln sie (zählend) mit einer dicken Nadel zur Kette auf. Während des Tages knabbern sie daran und vergleichen: Wie lang ist deine Kette noch? Wie viel hast du schon gegessen? Wie viel mehr, wie viel weniger habe ich? Wer hat gar nichts mehr? Wer hat noch alle 12 Karottenscheiben?

Obst und Gemüse wiegen und messen:

Aus Bohnen je 500 Gramm Gewichtsdosen herstellen. Wie viele Kiwis brauchen wir, damit sie so schwer sind wie eine 500 Gramm Bohnendose? Wie viel Bohnendosen brauchen wir, damit sie unser Gewicht haben?

Wir wiegen uns allein, wie viel wiegen wir allein, wie viel zusammen mit einer Wassermelone?

Mit dicken Wollfäden unsere Köpfe messen und sie mit dem Umfang einer Pampelmuse oder einer Melone vergleichen. Später ein Maßband dazu legen, die Zahlen vom Band abschreiben.

Eine oder mehrere Statistiken machen:

Drei verschiedene Früchte aufschneiden, die Kinder probieren, welche ihnen am besten schmeckt, nehmen entsprechend der Frucht ein Kärtchen in deren Form und kleben es auf ein vorbereitetes Papier, auf dem die verschiedenen Früchte und die Namen der Kinder in Spalten geschrieben sind. Nun wird sichtbar, welche Frucht am liebsten gegessen wird.

Für »Fortgeschrittene«:

Obst und Gemüse nach verschiedenen Merkmalen mit farbigen Schnüren einkreisen, Eine rote Paprika gehört in den Kreis »Rot«, aber auch in den Kreis »Gemüse«, wie können wir das sichtbar machen?

123

124

Und wo kommt die
Grapefruit hin?
Ins Obst oder ins Grüne
oder in beide Kreise?

125

Der Pfeiler »Grafische Darstellungen und Statistik«

Mittlerweile haben Sie einen groben Überblick darüber, womit sich Mathematik beschäftigt. Zwei grundlegende Themenkreise gehören dazu: Zum einen die Formen, also die strukturelle Gestalt von Gegenständen, und zum andern die Zahlen, also das rhythmische, systematische Voranschreiten, und die Eigenschaften der Zahlen. Dazu kommen noch die Entdeckung und die mathematische Beherrschung von Zufallsphänomenen. Dies wird möglich durch die Entwicklung von Sensibilität für mathematische Strukturen, also das, was wir den »inneren Blick« nennen: Aufgrund innerer Vorstellungen sehen wir mathematische Strukturen in der Welt. Umgekehrt entwickeln sich durch konkrete Beispiele auch die inneren Vorstellungen weiter.

Albrecht Beutelspacher

Kinder sammeln viele Informationen, sortieren und ordnen sie im Spiel. Zum Beispiel wollen sie herausfinden, ob es so viele Tretautos und Dreiräder gibt, dass jedes von ihnen die Chance hat, damit zu fahren. Sie holen sich Stifte und Papier und zeichnen die Fahrzeuge. Und wie weiter? Wie lässt sich herausfinden, ob es wirklich für jedes Kind ein Auto oder Dreirad gibt?

Wir kommen auf die Idee, die Autos und Dreiräder in einer Reihe aufzustellen, so dass sich vor jedes Fahrzeug ein Kind stellen kann. Oh, zwei Kinder bleiben übrig.

Wie können wir diese Aufstellung übersichtlicher machen? Unter jedes Fahrzeug legen wir ein Stück rotes Papier, unter jedes Kind kommt ein grünes Papier. Als die Kinder beiseite treten und die Fahrzeuge fortschieben, sehen wir: Es gibt lauter Paare aus roten und grünen Papieren, aber zwei grüne Blätter bleiben übrig.

Auch diese Aufstellung können wir noch vereinfachen. Auf ein weißes Blatt kleben wir kleine rote und grüne Papierquadrate in zwei Reihen auf. Jetzt ist auf einen Blick erkennbar, welche Gruppe mehr oder weniger hat.

Bei Vergleichen, bei denen es um »mehr« oder »weniger« geht, sind grafische Darstellungen hilfreich, denn sie zeigen deutlich und auf einen Blick, was man wissen will. Im Alltag der Kinder finden sich zahlreiche Gelegenheiten, solche Vergleiche anzustellen.

Reichen die Bananen für alle oder nehmen wir lieber die Äpfel? Sind heute mehr Kinder mit langärmligen oder mehr Kinder mit kurzärmligen Hemden da? Es macht Spaß, nach immer neuen Möglichkeiten zu suchen, um Informationen zu organisieren und zu zeigen, was mehr, weniger oder gleich ist. Wie viel mehr? Wie viel weniger? Wie viel ist das zusammen? Warum hatten wir die zwei Reihen aus roten und grünen Quadraten gebildet? Wer weiß das noch?

Anfangs vergleichen wir nur konkrete Gegenstände und auch nur zwei Kategorien, Äpfel und Bananen, Autos und Dreiräder. Haben wir das oft genug getan, kommt noch eine dritte Kategorie dazu.

Auch bei den grafischen Darstellungen beginnen wir mit konkreten Gegenständen, ehe wir allmählich zu abstrakteren Formen übergehen: Zuerst legen wir die Äpfel und Bananen nebeneinander, dann schneiden wir aus Papier kleine Äpfel und Bananen und kleben sie auf. Später benutzen wir verschiedenfarbige Papierquadrate, um die Vergleiche darzustellen. Aber: Immer schön langsam voran, es gibt auch hier keinen Grund zur Eile. Der Vergleich konkreter Gegenstände reicht erst einmal vollkommen aus.

Noch ein Wort zu den Materialien, die ich mit den Kindern benutze:

• ein großes, festes Tuch, auf das ich mit Klebeband ein Raster von 4 mal 14 Feldern geklebt habe, denn in meiner Gruppe sind 14 Kinder;
• große weiße Papierbögen mit dem gleichen Raster, aber auch mit großen Zahlen von 1 bis 14, die ich auf dem Computer ausdrucke und

Wohin mit dem Ball, der oval und gelb ist?

sie von unten nach oben in die Mitte klebe;
• für die einfache grafische Darstellung von »Ja«
und »Nein« laminiere ich lange Pappstreifen,
die in zwei Reihen mit je 14 Feldern geteilt
sind. Auf Wäscheklammern klebe ich kopierte
Fotos – für jedes Kind eine Klammer. Sind
Franck und Caitlin heute da? Ein Blick auf die
Wäscheklammern, die am Pappstreifen mit
den 14 Feldern klemmen: Franck ist da,
Caitlin auch.

Es kommt darauf an, dass die Kinder

• ... Spaß daran haben, Informationen über
verschiedene Gegenstände und Ereignisse
zu sammeln;
• ... die Informationen in grafischen Darstellungen organisieren und Vergleiche
anstellen.

Spiele und Mini-Mathe zu grafischen Darstellungen und Statistik

Kinder sortieren

Die Kinder teilen sich in zwei Gruppen. Meist teilen sie sich in Mädchen und Jungen. Beide Gruppen setzen sich einander gegenüber auf den Boden, eins zu eins. Bleibt jemand übrig?

Variante: Die Kinder teilen sich in zwei Gruppen, setzen sich einander gegenüber, fassen sich an den Händen und stemmen ihre Füße gegeneinander – Ruderboot fahren. Wer kann kein Boot sein? Warum nicht? Dann komme ich dazu.

Variante: Ratet mal, ob heute mehr Jungen oder Mädchen da sind. Was müssen wir tun, um das herauszufinden?

Variante für die zweite Bauphase: Wir falten Boote aus Papier. Die Jungen legen rote Papierboote vor sich auf den Boden, die Mädchen grüne. Dann stehen die Kinder auf und vergleichen die Papierboote. Welche Gruppe hat mehr Boote, welche weniger? Sind es also mehr

Mädchen als Jungen oder weniger? Wie viel mehr, wie viel weniger? Wie viele Kinder sind es zusammen?

Variante für die dritte Bauphase: Wir benutzen eine grafische Darstellung mit zwei Reihen und legen fest, dass eine Reihe den Mädchen gehört und die andere den Jungen. Nun malen alle Mädchen in ihre Reihe ein Kreuz, die Jungen malen ihre Kreuze in die andere Reihe. Oder die Kinder holen sich die Wäscheklammern mit den Fotos und platzieren sie entsprechend. Mehr Mädchen oder mehr Jungen? Das sieht man doch auf einen Blick...

Schuhe vergleichen

Wir schauen unsere Schuhe an, suchen zwei Eigenschaften aus, die die meisten Kinderschuhe haben, und einigen uns auf Klettverschlüsse und Schnürsenkel. Auf Papier skizziere ich zwei Schuhe und schreibe auf den einen K für Klettband, auf den anderen Sch für Schnürsenkel. Wir legen die Papierschuhe auf die beiden oberen Felder unseres Pappstreifens mit den zwei

131

Reihen. Danach ziehen die Kinder einen ihrer Schuhe aus und ordnen die Schuhe, einen nach dem anderen, dem Schema zu. Sind es mehr Klettverschlussschuhe oder mehr Schnürsenkel-Schuhe? Wie viele Klettverschlussschuhe sind es? Wie viele Schnürsenkelschuhe? Und wie viele sind es zusammen? Wie viel Kinder sind da? Warum kommt ihr auf dieselbe Zahl? Wie viele Reihen haben wir? Warum? Wenn wir Sandalen mit Schuhen vergleichen, wie viele Reihen brauchen wir dann?

Genug gegrübelt! Die Kinder ziehen auch den zweiten Schuh aus, und wir werfen die Schuhe auf einen Haufen. Jedes Kind fischt sein Paar aus dem Schuhberg. Nachdem alle dran waren und kein Paar mehr übrig ist, ziehen wir die Schuhe wieder an.

Letzte Frage: Wenn wir Schuhe mit Schnallen, Klettverschlüssen und Schnürsenkeln verglei-chen, wie viele Reihen brauchen wir dann?

Variante für die zweite Bauphase: Unterschie-de und Ähnlichkeiten der Schuhe werden fest-gestellt – Schnürsenkel, Klett- oder Reißver-schlüsse, Schnallen oder gar keine Verschlüsse, Turnschuhe, Sandalen? Welche Merkmale sind am häufigsten vertreten? Die Kinder wählen drei Kategorien aus und ordnen die Schuhe danach.

Zeichnen Sie Schuhe, die die verschiedenen Kategorien darstellen, und machen Sie Kopien davon. Die Kinder nehmen sich die Bilder ihrer Schuhtypen, schreiben ihre Namen darauf und befestigen die unterschriebenen Zeichnungen an der Stelle auf der grafischen Darstellung, an die sie gehören. Natürlich können Sie die Schu-he auch nach anderen Merkmalen ordnen, zum Beispiel nach der Farbe. In diesem Fall können kleine farbige Quadrate mit den Namen verse-hen und auf die grafische Darstellung geklebt werden.

Regen Sie die Kinder an, bei ihren Beobach-tungen und Überlegungen die Wörter »mehr als« und »weniger als« zu verwenden.

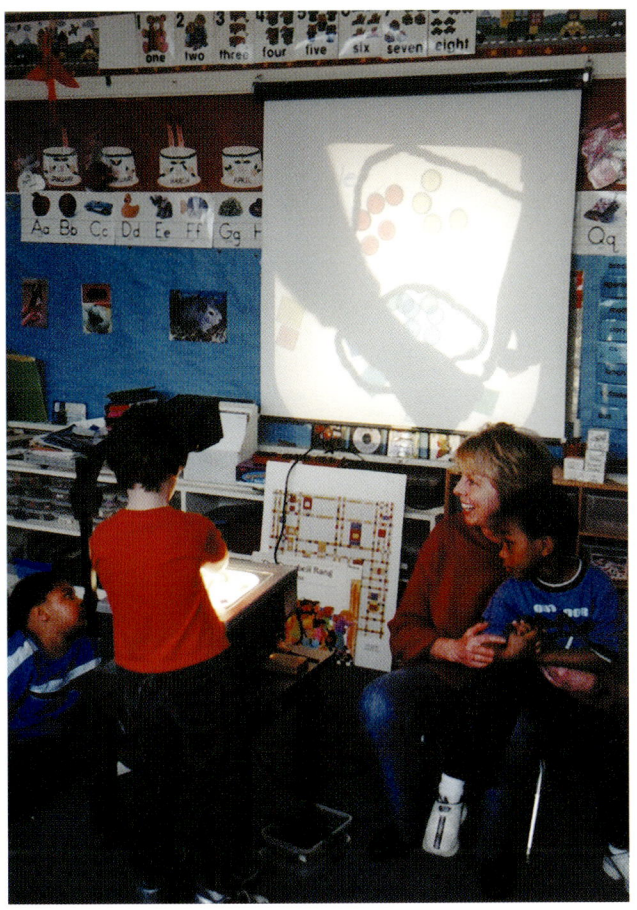

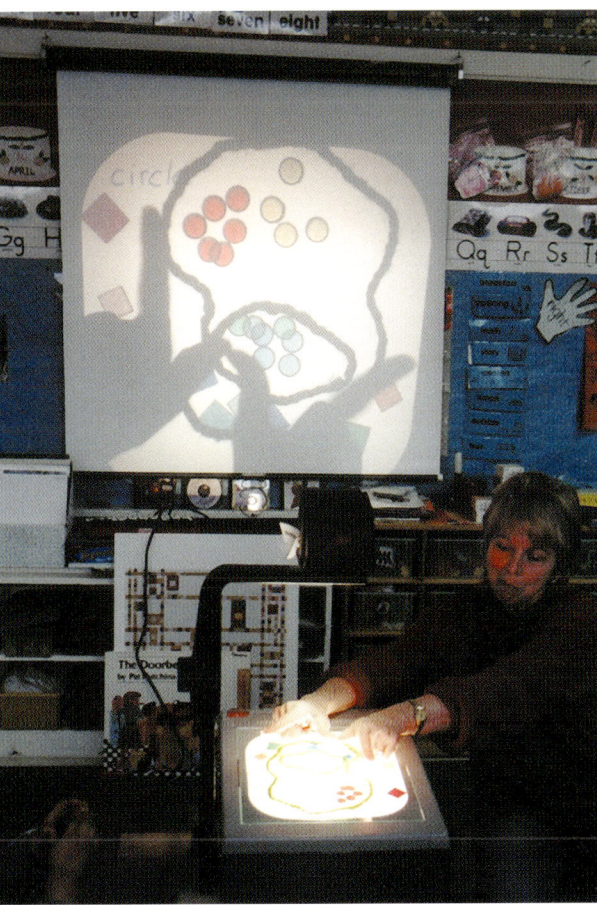

Kooperation mit Eltern

Im Leben der Kinder spielen Zahlen schon eine große Rolle. Einerseits sind sie in der Welt, in die sie hineinwachsen, schon vorhanden: Das reicht von einfachen Dingen (»du bekommst nur ein Eis!«) bis zu so komplexen wie etwa die Uhrzeit. Andererseits erleben sie Zahlen und Zählen als eine Methode, wie sie selbst die Welt strukturieren und erforschen können. Damit sind Zahlen und das Zählen etwas unmittelbar Attraktives für Kinder.

Albrecht Beutelspacher

In unserer Preschool gibt es den Elterngarten. Die Kinder laden ihre Eltern ein, abends in die Preschool zu kommen, um ihnen zu zeigen, was sie gelernt haben. Natürlich schauen sich die Eltern unsere Räume an und können mit ihren Kindern spielen. Dabei stelle ich fest, dass die meisten Eltern dazu neigen, etwas an Stelle ihrer Kinder zu tun. Dann greife ich ein, halte sie zurück und frage: »Ob Ihr Kind diese Brücke bauen kann?« Ich erkläre den Eltern auch, wie wichtig es ist, ihren Kindern zuzuhören und sie mit Fragen herauszufordern. Ich berichte ihnen,

womit wir uns gerade beschäftigen, und zeige ihnen, wie sie ihre Kinder zu Hause unterstützen können.

Mindestens vier Mal im Jahr besuche ich jede Familie zu Hause, das ist Pflicht. Diese Treffen sind wichtig, damit die Kinder von Anfang an spüren: Meine Mutter und Nancy sind sich einig, I don't get away with anything.

Bei diesen Besuchen frage ich die Eltern, was ihre Kinder gern und häufig tun:

- malen und zeichnen (visuell-räumliche Intelligenz),
- singen und Musik hören (musisch-rhythmische Intelligenz),
- mit anderen Kinder spielen (interpersönliche Intelligenz),
- allein spielen (intrapersönliche Intelligenz),
- zählen und mit Zahlen spielen (logisch-mathematische Intelligenz),
- über das Funktionieren der Dinge nachdenken (logisch-mathematische Intelligenz),
- schreiben und reden (verbal-linguistische Intelligenz),
- Bücher anschauen (verbal-linguistische Intelligenz),
- tanzen, Sport treiben (körperlich-kinästhetische Intelligenz),
- nach Problemlösungen suchen (naturalistische Intelligenz),
- am Computer spielen (gut zu wissen, denn dahinter könnte vieles stecken).

Die Antworten der Eltern – manchmal nur ein Ja, Nein oder Vielleicht – liefern mir Indizien für die individuellen Lernstärken und Vorlieben der Kinder, auf die ich eingehen möchte.

Das Fundament einer funktionierenden Zusammenarbeit von Eltern und Erzieherinnen ist die Kommunikation. Eine für die Eltern unverbindliche und unkomplizierte Kontaktaufnahme sind so genannte praise-notes, lobende

135

Mitteilungen über ein Kind. Jeder Vater, jede Mutter braucht eine regelmäßige Rückmeldung über positive Eigenschaften und Entwicklungen ihres Kindes. Die Eltern haben ein Recht darauf.

Ich versuche, jedem Kind einmal pro Woche eine praise-note mit nach Hause zu geben. Auf meinem Computer habe ich eine Liste von Fähigkeiten und Verhaltensweisen, die für Vorklassenkinder angemessen sind. Die füge ich zu Mini-Briefen zusammen, ergänze sie gegebenenfalls um spezifische Details, setze den Namen des Kindes ein und versehe sie mit einem Aufkleber. Voll Stolz nimmt das Kind den Brief mit nach Hause.

Mit einem Computer ist der Aufwand regelmäßiger praise-notes minimal, der Effekt dafür umso größer.

Mit einem täglichen Brief informiere ich die Eltern über unsere Aktivitäten und die besonderen Ereignisse des Tages. Die Berichte schreibe ich nachmittags am Computer. Es steht drin: »Dear parents, wir haben dann und dann Elterngarten. Heute ist Montag, und wir haben in der Preschool lauter Kästchen mit Kies gefüllt, immer 500 Gramm. Das werden demnächst unsere Gewichte, denn wir wollen wissen, wie viel die Kinder wiegen, wer am schwersten und wer am leichtesten ist. Zum Frühstück und zum Mittagessen gab es das und das.« Wenn sie den Bericht nachmittags zu Hause vorlesen, können die Eltern ihr Kind gezielt fragen: Wozu braucht ihr die Kästchen? Habt ihr schon jemanden gewogen? Wer ist denn leichter als du? So können sie das übliche »was habt ihr heute gemacht?« durch gezielte Fragen an ihr Kind ersetzen und ihm die Gelegenheit für konkrete Antworten geben.

Der Aufwand für einen solchen Info-Brief mag sehr groß erscheinen. Doch wer die Planung für den Tag noch auf dem Computer hat, muss nur eine kurze aktuelle Ergänzung anfügen, und schon ist der Brief fertig.

Gerade die Eltern, die am wenigsten gebildet sind, sammeln diese Berichte und heften sie ab. Ein Vater zum Beispiel kann nicht lesen, also kümmert sich die Großmutter um diese Dinge.

Sie ist sehr patent und begleitet uns auch bei Ausflügen. In einer spanischen Familie liest die ältere Schwester, die schon in die fünfte Klasse geht, die Berichte vor und erklärt, was zu tun ist...

Überhaupt hat die neue Medientechnik völlig neue Möglichkeiten eröffnet, Eltern am Gesche-hen teilhaben zu lassen. Mit einer digitalen Kamera fotografieren die Kinder und ich ihre Arbeiten. Wir drucken die Aufnahmen aus und beschriften sie. Einen Ausdruck hängen wir an unsere große Bildwand zu den Portraits der beteiligten Kinder, einen weiteren Ausdruck nehmen sie mit nach Hause. Beim Vorzeigen »lesen« die Kinder ihre selbst abgefassten Bildunterschriften voller Stolz vor. Das Foto einer geduldig erbauten Bausteinburg kann gegebenenfalls auch gleich per eMail nach Hause geschickt werden.

Um in gutem Kontakt mit den Eltern zu blei-ben genügt es nicht, einen – von vielen eher gefürchteten – Elternsprechtag zu veranstalten oder anzubieten, »bei Bedarf« Gesprächster-mine zu vergeben. Regelmäßige Telefonanrufe werden besser angenommen und kommen berufstätigen Eltern entgegen. Wir haben eine Übersetzerin angestellt, die Telefonate mit spa-nischsprachigen Eltern übernimmt und uns bei Hausbesuchen begleitet. Kurz: Wir finden immer einen Weg.

137

Zum Schluss

Was muss man tun, damit Kinder gern lernen? Nancy Hoenisch und Elisabeth Niggemeyer haben eine Antwort.

Wer Ende der sechziger Jahre jung war, die Welt verändern, sie aus der Inhumanität ihrer Geschichte befreien wollte, wer sich darum Kindern zuwandte, gar Pädagogik studierte und jedenfalls die eigenen Kinder anders erzog (oder eben nicht »erzog«!), der kennt Nancy Hoenisch, der hat damals das wunderbare Fotobuch »Vorschulkinder« von ihr, Elisabeth Niggemeyer und Jürgen Zimmer Dutzende Male durchgeblättert und eine Grundlektion im Umgang mit Kindern gelernt, die alle Studienseminare mit Herbart und alle Rahmenrichtlinien mit Oevermann überdauert.

Wer, weil spät geboren, nicht weiß, wer Nancy Hoenisch ist, lernt sie kennen, indem er zusieht, wie sie heute ihre vierjährigen Vor-Vorschulkinder in Winchester/Virginia, USA – nein, nicht »betreut«, nicht »belehrt«, nicht »ins harte Leben einführt«, sondern mit ihnen lebt, lernt, leidet, lacht: sechs Stunden am Tag. Wieder hat Elisabeth Niggemeyer sie dabei fotografiert. Die Bilder sind diesmal Kodak-bunt und oft keines Textes bedürftig. Schon beim ersten Blättern weiß er, dass Nancy Hoenisch eine fröhliche und behutsame, eine einfallsreiche und weise Frau ist, und möchte ihr sofort seine Kinder anvertrauen, obwohl er meist nur ihre Hände, ihren aufmerksamen, auf den »Vorgang« gerichteten Blick, ihre Zuwendung »auf Augen-

höhe« zu Austin oder Jessica gesehen hat.

Will er mehr über die Person wissen, findet er aufschlussreiche und unaufdringliche kleine Bekenntnisse in einem Interview, das Donata Elschenbroich mit ihr geführt hat: Wie sie selbst als Kind im Kindergarten »blamiert« worden ist – gleich am ersten Tag und mit nachhaltigen Folgen; wie wichtig es ist zu erfahren: Jemand hat mich lieb, ich bin etwas wert; wie vor allem die bullys dies brauchen: »Erst müssen sie sich anerkannt fühlen. Vorher können sie überhaupt nichts lernen«; wie das Fernsehen den Kindern »eine Kultur« beibringt, »die für sie zu alt ist«; wie sie darum von den Fünfjährigen zu den Vierjährigen gewechselt ist, weil diese davon noch nicht so eingefangen sind; wie sie reagiert, wenn ihr ein Kind sein Fernsehgebaren und seine Fernseherlebnisse zuträgt. »Ich habe kein Fernsehen«, sagt sie ihm. »Mich interessiert nicht, was da kommt. Aber was du gesehen hast, interessiert mich brennend. Erzähl mir davon!«; wie sie den Kindern hilft, Wörter für ihre Gefühle zu finden, vor allem für die

Gefühle zueinander; wie sie selbstständig von den Kindern lernt…

Dann schließlich merkt er, dass er die Wirkung von alledem ja schon gesehen hat – gespiegelt in den Gesichtern, Gesten, Haltungen der Kinder, in der ungeheuren Intensität ihres Ausprobierens, Entdeckens, Beobachtens, Abwartens, Zugreifens, Sichzuwendens und Sichmitteilens, die Elisabeth Niggemeyers Fotos meisterlich festgehalten haben.

Die Kinder sind Nutznießer eines Förderprogramms der Stadt Winchester, das ihnen helfen soll, »später im Kindergarten erfolgreich zu sein«. (In unserer Welt wird sehr früh über getting on oder staying behind entschieden!) Nancy Hoenisch bekommt diejenigen, deren Auffassungsgabe, Motorik, Gemeinschaftsfähigkeit im unteren Viertel des Altersdurchschnitts liegen. (In unserer Welt kann man alles messen und tut es auch!) Die Kinder sind weiß und gelb und braun – so bunt und überschaubar wie die Ausstattung der Preschool mit

ihrem Teppichboden, auf dem man mit Kreide malen darf, mit Stoffhasen und echtem Hamster, mit Kostümschrank und Materialsammlung, mit Werkecke und Kinderküche, mit Plastikgemüse und Plastikrose, mit Projektor und PC für Nancy. (In unserer Welt sind Kunststoff-Gegenstände normaler als echte Bohnen, echte Tannenzapfen, echte Muscheln!)

Nancy Hoenischs kleine Welt hätte sich ihren Namen bei Rousseau holen können: »wohlgeordnete Freiheit«. Wenn ich hier einige der Grundregeln aufzähle und in solche einteile, die den Lehrern gelten, und solche, die die Kinder leiten, mache ich daraus eine mechanische, belehrende Ordnung – die ihre ist organisch und natürlich. Wem das zu naiv ist, kann sie ja »okkasionell« nennen.

   Während die Pädagogen – der Lehrer, die Erzieherin, die Eltern – Nancy Hoenischs Beschreibung des Schulalltags lesen, lernen sie: Eine sichere Umwelt, der das Kind vertrauen kann, erlaubt ihm zu »blühen«. Das »autonome«

141

Kind holt sich sein Wissen selbst. Dazu müssen wir die geeigneten Gegenstände und Lerngelegenheiten bereitgestellt haben. Aber auch innere Anlässe: Das Kind muss erfahren, dass seine Fragen und seine Gefühle ernst genommen werden. Oder Beispiele und Ermutigung hierzu: Es sieht, dass es einen Fehler gemacht hat, weil der andere leidet, und versucht nun die Kränkung wieder gutzumachen – wie wir dies an ihm versucht haben.

Lasst es spüren: Du bist wichtig, was du sagst, ist wichtig, was du meinst, ist wichtig. Helft ihm auszudrücken, was in ihm vor sich geht. Ein gutes Mittel, einem Kind zu versichern, dass es sich angenommen fühlen darf, ist, einige Zeit mit ihm allein zu verbringen. Wenn Kinder selbstständig zu handeln lernen sollen, brauchen sie feste Grundregeln. Et cetera.

Das sollte eine »Schule«, ein Kindergarten dem normalen Leben voraus haben: dass man nicht achtlos an den Lernanlässen vorübergeht, sich nicht in Gewohnheiten einspinnt, sich nicht einfach der Trägheit ergibt.

Von allem, was uns das Buch lehrt, ist dies vielleicht die akuteste Lektion – die eigentliche Antwort auf Timss und Pisa und Iglu: Es zeigt, wie lustvoll und natürlich man das Wahrnehmen, Denken, Aneignen mit Kindern üben kann, ohne die Tätigkeiten und Interessen nun schon der Vierjährigen zu »verschulen«. Dass deutsche Schüler ungern lernen, ist der Grund dafür, dass sie zu wenig lernen. Den besorgten Pädagogen und Bildungspolitikern hat das schlechte Abschneiden der deutschen Schule in den internationalen Untersuchungen zu »basalen« Schulleistungen nahe gelegt, Frühlesen, Frühschreiben, Frührechnen »einzuführen«. Das wird man auch tun – unterstützt von beunruhigten Eltern – und ahnt nicht, wie heikel das ist, nicht zuletzt, weil es ja widerstandslos »geht« und man die schädlichen Folgen nicht gleich sieht.

Nancy Hoenisch fördert vor allem drei Fähigkeiten: die Kontrolle der eigenen Bewegung, die Artikulierung und Festigung von Sprache,

das Unterscheiden, Sortieren, Einteilen, Vergleichen und legt damit die Grundlage für alles weitere Lernen. »Schreiben« beispielsweise ist zugleich Zeichnen und Zeichen geben/festhalten – und bedarf ausgiebiger motorischer Eingewöhnung. »Lesen« ist die Verbindung dieser Zeichen mit Bedeutungen. »Zählen« ist erst Ordnen, unter ein Merkmal subsumieren, dann in eine Abfolge bringen: »erstens, zweitens, drittens…«, dann aus der Reihe eine Menge machen: »zwei« oder »drei« oder »vier«.

Nancy Hoenisch hat zwar auch Piaget gelesen, aber weder sie noch wir Leser brauchen ihn, um zu verstehen, was geschieht, wenn wir den Kindern beim Erkennen von Mustern, Sequenzen, Proportionen zusehen (»kleiner als«, »so lange wie«, »gleich viel«). Fragt Austin beim Legen der unterschiedlichen Klötzchen: »Richtig, Nancy?«, sagt sie: »Frag Clifton!« – und siehe da, sie einigen sich mit einer Begründung: »…weil das genau so ist wie das!« Nancy Hoenisch sagt nie: »Das ist falsch« und auch nicht: »Das ist richtig.« Sie regt zur Selbstprü-

fung an, lobt den »Denkvorgang«: »Wie gut du alle gleichen Steine zusammengelegt hast und sogar der Größe nach!« So macht sich der Lehrer nicht unversehens zur Wissensquelle für das Kind. »Wissen« ist immer nur das, wovon es sich selbst vergewissert hat.

Unsere Republik wird eher an Rücksichtslosigkeit, Besitzstandswahrung, Erfolgsstreben zugrunde gehen als an fehlenden »Bildungsstandards« und an der mittelmäßigen Platzierung im OECD-Vergleich. Vor allem aber: Nur wer sich aufgehoben fühlt, ist auch frei zu lernen.

Hartmut von Hentig

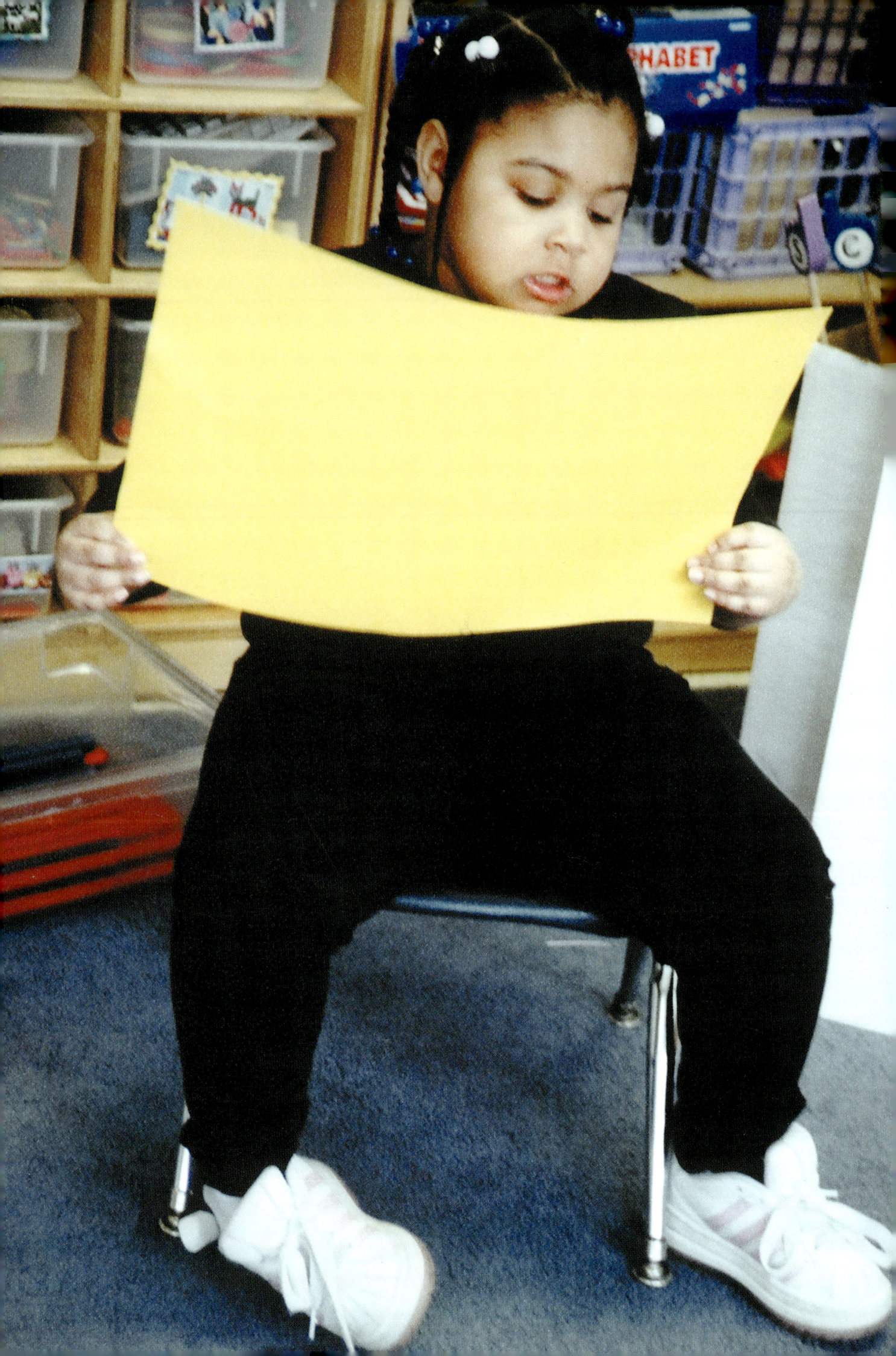

Anhang

Materialmanagement

Gute Mathematik-Materialien für junge Kinder begeistern sie und regen ihre Fantasie an. Solche Materialien sind genau so verlockend und fesselnd wie die Spielzeuge, die die Kinder üblicherweise zu Hause haben – wenn nicht verlockender.

Am besten sind Schätze, die die Kinder selbst sammeln: kleine Tiere oder Figuren aus Materialien, die man gern berührt. Sie regen die Fantasie an und ermöglichen es, mathematische Konzepte mit Leichtigkeit zu begreifen, sie sich gut zu merken und sie anzuwenden.

Weniger leicht ist es anfangs, solche Spielzeuge tatsächlich in den Brückenbau mathematischer Konzepte einzubeziehen. Die Lösung: Nachdem sie ihr Spielbedürfnis befriedigt haben, sind die Kinder bereit und fähig, mal etwas Anderes mit den kleinen Tieren oder Figuren zu unternehmen. Allerdings brauchen sie ausreichend Zeit, um diese Entdeckungsphase zu durchschreiten, um zu untersuchen und zu erkunden. Haben sie erst einmal »Lunte gerochen«, werden die Kinder viel mehr Spaß daran haben, all die kleinen Plastik-Spinnen, Dinos und Käfer zu sortieren und zu zählen, Muster aus ihnen zu legen, als den Nachbarn mit ihnen zu erschrecken.

Für eine Gruppe von zehn Kindern brauchen Sie:
- Geometrische Musterklötzer – etwa 500
- Steckwürfel – etwa 1000
- bunte Holzwürfel, 2,5 mal 2,5 Zentimeter – etwa 500
- Naturholzwürfel, gleich groß – etwa 500
- eine Sammlung von Objekten zum Sortieren (kleine Tiere, Figuren...)
- eine Sammlung von Objekten zum Zählen (Knöpfe, Schrauben, Münzen...)

- getrocknete Bohnen, Beeren, Reis
- Waagen und Gewichte
- Messbänder, einen Zollstock und Stäbchen oder Heftklammern als ungenormte Messinstrumente
- verschiedene Uhren und Sanduhren

Einen separaten Mathe-Raum brauchen Sie nicht unbedingt. Es reicht, wenn im Gruppenraum der Kinder offene Regale stehen, die die Materialien enthalten. So eine Ecke kann Mathe-Land heißen, und die Regale nennen wir Sortierinsel, Musterinsel, Zahleninsel...

Zur Unterbringung der Mathematik-Schätze eignen sich einheitliche durchsichtige und verschließbare Behälter. Undurchsichtige Behälter sollten Sie mit Bildern versehen, die den Kindern den Inhalt verdeutlichen.

Damit die Kinder ihre Arbeitsmaterialien selbst auswählen können, sollten die Behälter ihre genau bezeichneten Plätze in den Regalen haben und für die Kinder erreichbar sein. Das erleichtert auch das Aufräumen. Für das Messen und Wiegen gibt es einen besonderen Platz, an dem die Materialien auch für längere Zeit liegen bleiben können, damit die Kinder jederzeit Zugriff haben.

Sinnvoll ist, dass die Kinder wissen:
- Wenn wir die Behälter aus dem Regal holen, tragen wir sie mit beiden Händen, so dass nichts herunterfällt, marschieren damit nicht durchs ganze Haus, sondern suchen uns gleich einen Arbeitsplatz auf dem Teppich oder am Tisch.
- Brauchen wir eine Unterlage, nehmen wir zum Beispiel die Unterlage, die wir im Behälter finden. Den Deckel bewahren wir unter

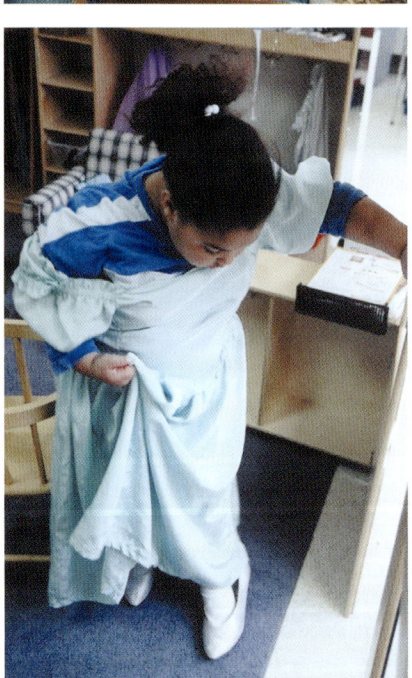

Morning Message
Yesterday Patches got
married.
1
1
2

Yest
got
mar
?
1
2
3
4

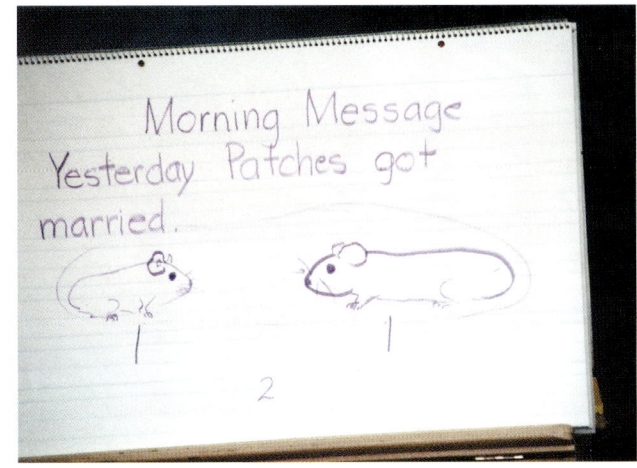

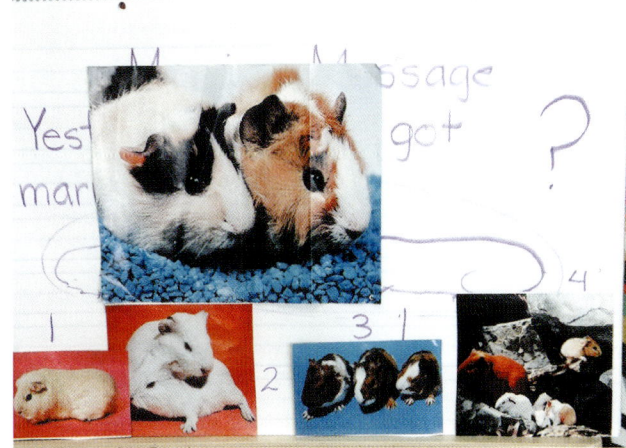

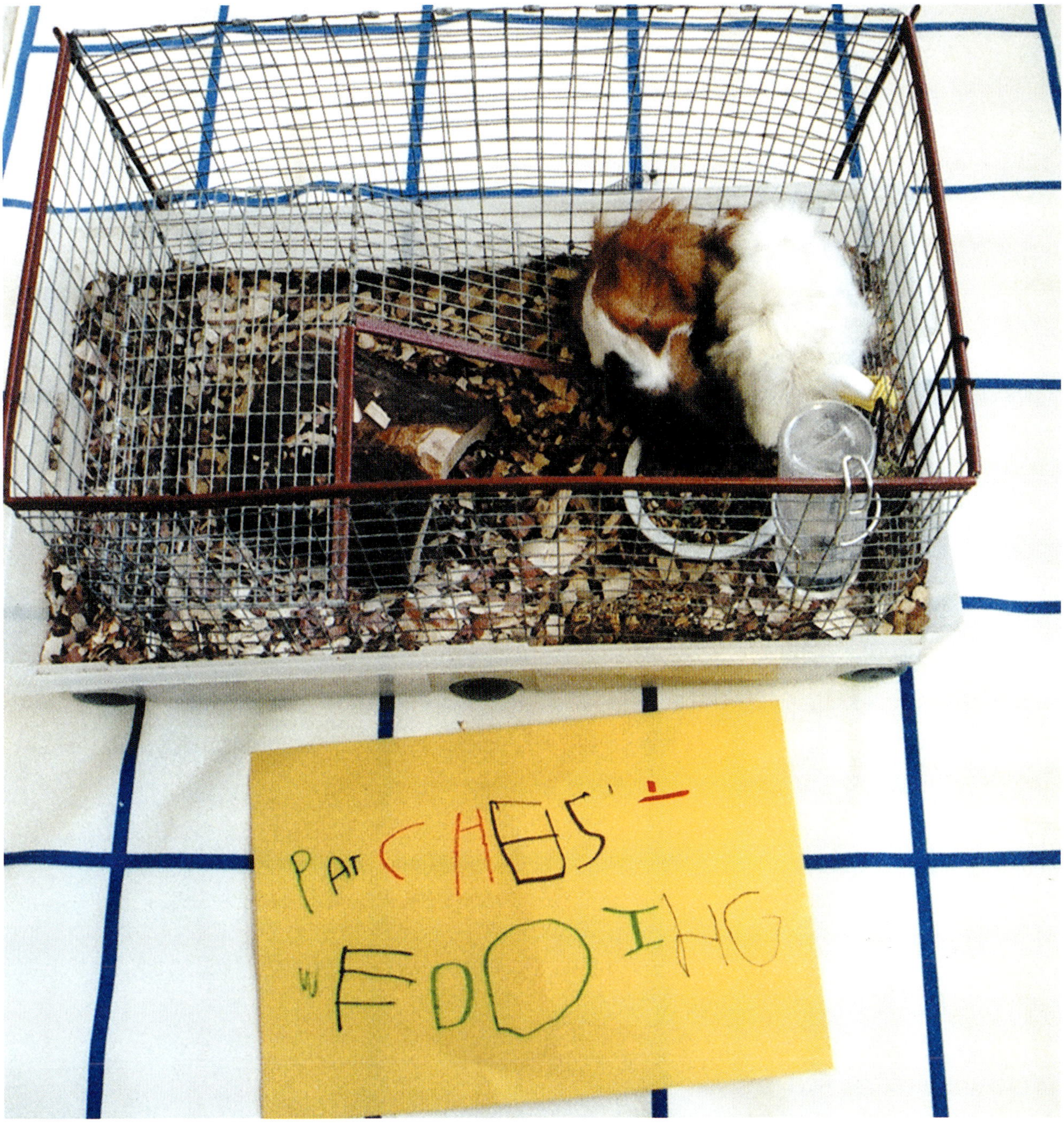

dem Behälter auf, so dass niemandem darauf treten und sich verletzen kann.
• Wenn wir mit dem Spielen fertig sind, verschließen wir den Behälter fest mit dem Deckel und tragen ihn mit beiden Händen wieder an seinen Platz zurück.

Um Probleme zu vermeiden, gibt es ein paar einfache Grundregeln:
• Wir stören unsern Nachbarn nicht und berühren seine Bauwerke nicht ohne Erlaubnis. (Um diese Regel zu verdeutlichen, spiele ich sie mit ein paar Kindern vor: Ich zerstöre das Bauwerk eines anderen Kindes und frage es, wie es sich fühlt.)
• Wir nehmen nichts in den Mund.

• Wir stecken nichts in die Tasche. (Reizvolle Materialien verführen natürlich dazu, etwas mit nach Hause zu nehmen. Ich spreche darüber mit den Kindern und erzähle ihnen, dass auch ich selbst manchmal in Versuchung komme, den niedlichen kleinen Dino einzustecken, dass ich dieser Versuchung aber nicht nachgebe, weil es dann bald keine Schätze mehr gäbe und die Kinder nur leere Schachteln fänden.)
• Wir werfen nichts in die Luft, um niemandem weh zu tun.

Bezugsadressen und Literatur

Bezugsadressen

Eine Auswahl der vorgestellten Materialien sowie weitere anregende Materialien und Medien können Sie ab Dezember 2004 direkt beim verlag das netz bestellen.

Kontakt:
Erfindergarten im Verlag das Netz GbR
Wilhelm-Kuhr-Str. 64
13187 Berlin
eMail: erfindergarten @verlagdasnetz.de
Telefon: 030/48 09 65 36
Fax: 030/481 56 86

Infos, Übersichten, Preise finden Sie ab Dezember 2004 auch im Internet unter: www.verlagdasnetz.de in der Rubrik Erfindergarten.

Literatur

Albrecht Beutelspacher: Der äußere und der innere Blick auf die Welt. In: »Theorie und Praxis der Sozialpädagogik«, Kallmeyer, Heft 10/2003

Donata Elschenbroich im Gespräch mit Nancy Hoenisch: Meine Sorgen lasse ich vor der Tür. Veröffentlicht in: Bildung mit Demokratie und Zärtlichkeit. Beltz 2003

Mary Baratta Lorton: Math Their Way. Addison Wesley Publishing Co 1995

Jean Piaget: Meine Theorie der geistigen Entwicklung. Beltz 2003

Die Ausstellung »Mathe-Kings«

Aktionsausstellung

von Elisabeth Niggemeyer und Nancy Hoenisch
für Kinder zwischen 4 und 8 Jahren und ihre
erwachsenen Begleiter

Die Ausstellung »Mathe-Kings« entführt Sie auf
eine Entdeckungsreise in das Land der Mathematik, in dem junge Kinder mit Lust und Neugier
eine Brücke vom Land des Konkreten – das
kindliche Denken in Bildern – in das Land des
Abstrakten – das Denken in Symbolen – bauen
und dabei staunend und spielerisch der wunderbaren Wissenschaft Mathematik begegnen.

Der Bau einer sicheren Brücke und jedes Brückenpfeilers hat drei Phasen: In der ersten Phase
wird mit sinnlichen und lustvollen Erlebnissen in
der kindlichen Alltagswelt gebaut, in der zweiten Phase kommen gelegentlich Symbole, die
»Zahlen« heißen, hinzu, und in der dritten
Phase sind die Zahlen Besitz des Kindes, sie sind
ihm vertraut, und es geht selbstverständlich mit
ihnen um.

Die Brücke ruht auf fünf Pfeilern mathematischer
Konzepte: Sortieren, Muster, Zahlen, Geometrie,
Wiegen und Messen. In der Ausstellung
»Mathe-Kings« werden diese Pfeiler auf fünf
Inseln erbaut. Als Bausteine dienen Schätze,
die auf den Inseln auf ihre Entdecker warten.

Reisen Sie also
- auf die Insel »Durcheinander«, auf der der
  Pfeiler »Sortieren und Klassifizieren« steht,
- auf die Insel »Von-hier-bis-Irgendwo« mit
  dem Pfeiler »Muster«,
- auf die Insel »Zahlenzirkus«, die der Pfeiler
  »Zahlenkonzepte« schmückt,
- auf die Insel »Über-Eck« mit dem Pfeiler
  »Geometrie«
- und schließlich auf die Insel »Kilo-Meter« mit
  dem Pfeiler »Messen und Wiegen«.

Auf jeder Insel gibt es interessante Haupt- und
Nebenwege. Auf der letzten Insel aber wagen
Sie den Sprung von der fast fertigen Brücke ins
Land des Abstrakten. Wer auf beiden Beinen
landet, bekommt die Mathe-King-Krone.

Die Insel »Durcheinander«

Auf der Insel »Durcheinander« gibt es einen
herrlichen Krimskramsladen, und der wird aufgeräumt, denn es geht um Sortieren und
Klassifizieren.

Bausteine: Wahrnehmung, logisches Denken,
Wachsen des Wortschatzes, Beziehungen zwischen unterschiedlichen Dingen herstellen,
Kategorien bilden

Die Insel »Von Hier bis Irgendwo«

Auf der Insel »Von Hier bis Irgendwo« finden
Sie unzählige Muster und eine Symmetrie-Straße, denn es geht um Musterbildung und
Symmetrie.

Bausteine: Zusammenhänge und Regelmäßigkeiten entdecken und selbst bilden

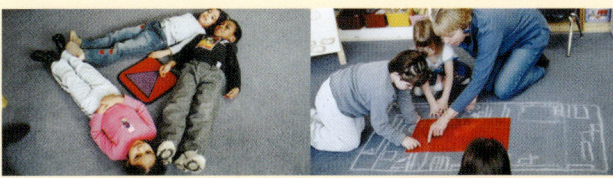

Plötzlich steht da ein Wegweiser und zeigt zur Bucht der Symmetrien, denn die Symmetrie ist auch ein Muster und gehört deshalb auf diese Insel.

Bausteine: Symmetrie als eine Sprache der Natur erkennen und feststellen, dass alles symmetrisch ist – Menschen, Schmetterlinge, Spinnen, Blätter, sogar Vogelgezwitscher...

Die Insel »Über-Eck«

Auf der Insel »Über-Eck« erwartet die »Oben-unten-hinter-über-Tour« die Reisenden, mit einem Abstecher ins Land der Drei-, Vier- und Rechtecke.

Bausteine: sich im Raum erfahren und dabei erleben, was Geometrie ist

Die Insel »Zahlenzirkus«

Die Insel »Kilo-Meter«

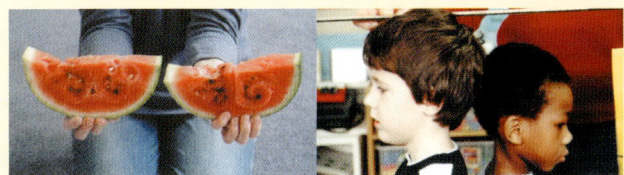

Auf der Insel »Zahlenzirkus« können sich die Reisenden mit Schatzkästchen vergnügen, einem Schild »Wo die Bären wohnen« folgen und unterwegs Zahlen treffen, die singen, trommeln, hüpfen und klatschen, denn es geht um Zahlenkonzepte.

Bausteine: den Sinn der Zahlen begreifen und den Zusammenhang zwischen Zahlen und Objekten erleben

Die Insel »Kilo-Meter« ist ein Paradies für Handwerker und Händler, die gern messen und wiegen. Eine breite Straße führt nach »Paradiso«, wo es schöne Äpfel gibt und ein Krönungsfest gefeiert wird.

Bausteine: messen und wiegen

Plötzlich steht da ein Wegweiser zum Bärenhaus, in dem Bärenväter, -mütter und -kinder darauf warten, in einer Geschichte mitspielen zu dürfen.

Bausteine: Gegenstände zuordnen, visuelle Vorstellungen von Mengen als Zahlen konservieren

Wer die letzte Insel erforscht hat, kann zurückblicken auf eine Brücke, die alle Inseln verbindet. Auf dieser Brücke spazierend, hat jeder Reisende die schönsten Schätze sortiert, verglichen, gezählt und dabei festgestellt: Mathematik ist leicht, fröhlich und spannend. Und jeder ist ein Mathe-King.

Die Ausstellung »Mathe-Kings« wurde als Wander-Ausstellung konzipiert und im November 2004 im Berliner INA-KINDER-GARTEN eröffnet. Wer sie bei sich aufbauen möchte, wende sich direkt an den Verlag, Kontakt siehe S. 151.

Autoren

Nancy Hoenisch lehrt in Winchester/Virginia, USA, und arbeitet in der Douglas-Schule mit 14 Kindern im Alter von vier bis fünf Jahren. »Bevor sie zu mir kommen, werden sie getestet, denn unsere Preschool nimmt nur Kinder auf, deren Entwicklungsniveau im unteren Viertel des Altersdurchschnitts liegt, um sie zu fördern, damit sie das Vorschulniveau erreichen. Mit diesen Kindern arbeiten wir jeweils zu zweit – wir sind vier Lehrerinnen und vier Assistentinnen –, in einer Gruppe. Insgesamt haben wir 56 Kinder in vier Vorschulgruppen«, so Nancy Hoenisch, die 1962 an der Berliner Kennedy-Schule als Vorschullehrerin tätig war und mit Jürgen Zimmer und Elisabeth Niggemeyer den 1969 erschienenen Klassiker »Vorschulkinder« veröffentlichte. Auch ihre Bücher »Heute streicheln wir den Baum«, »Komm, liebe Spinne«, »Hallo Kinder, seid Erfinder« und »Bildung mit Demokratie und Zärtlichkeit« – allesamt mit Fotos von Elisabeth Niggemeyer – bereichern die Vorschulliteratur.

Elisabeth Niggemeyer lebt in Berlin, wurde bekannt durch kritische Städtebücher wie »Die gemordete Stadt« und »Die verordnete Gemütlichkeit« sowie Kinderbücher und pädagogische Bilderbücher. Mit großen Fotokollagen gestaltet sie Erlebnis-Ausstellungen, in denen Kinder, Eltern, Erzieherinnen und Grundschullehrerinnen pädagogische Abenteuer erleben und erspielen können. Darüber hinaus veranstaltet sie Workshops, in denen Erzieherinnen und Lehrerinnen praktisch experimentieren.

Albrecht Beutelspacher, der zahlreiche Kapitel einleitet, ist Professor für Mathematik an der Universität Gießen und gründete das Mathematikum, das erste mathematische Mitmachmuseum der Welt – in Gießen.

Hartmut von Hentig, der das Nachwort schrieb, ist Erziehungswissenschaftler und lieferte zahlreiche wesentliche Beiträge zu Problemen der Didaktik und der Schulreform. Er entwickelte ein besonderes Modell des Oberstufenkollegs und die Bielefelder »Laborschule«, die über den Unterricht hinaus pädagogischen Lebens- und Erfahrungsraum für das Kind schaffen will.